KLAUS UNBEHAUN

So wird gefilmt

IM HEERING-VERLAG
IN SEEBRUCK AM CHIEMSEE
1971

1.—10. Tausend · Printed in Germany

Druck: St. Otto-Verlag GmbH, Bamberg.
Klischees: Heering-Verlag GmbH, München.
Buchnummer ISBN 3 7763 4130 0

INHALT

Ein Hobby mit Pfiff 5
Das Individualisten-Hobby 5
Wann, was, warum? 6
Vom Foto zum Film 7
Modern und aktuell 8
Es lebe der Minifilm! 9
Filmer als Konsumenten 9
Kamera als Handwerkszeug 10
Auf das „Auge“ kommt es an 12
Extras und Zubehör 13
Die Lichtspender 14
Titelwerkstatt – Nur für Cutter 15
Show und Kino 16
Akustisches 17
Filme und Formate 18
Wenn Bilder laufen lernen 18
Illusionen – Film = Bewegung 19
Die optische Sprache 20
Von Schuß zu Schuß – Betonung durch Perspektive . . 23
Statisch oder entfesselt 27
Von objektiv zu subjektiv 28
Weitwinkel und Tele 29
Travelling – Das richtige Maß 30
Tips für Filmkünstler 31
Gut belichtet ist halb gewonnen 31
Komponierte Bilder 32
Scharf und unscharf 34
Licht und Beleuchtung 39
Color und schwarzweiß 41
Pläneschmiede gesucht 43
Die Einfallsreichen 43
Ideen am Schreibtisch 44
Der Film und seine Teile – Konkretisieren! 45
Familie und Freunde 46
Filmer unterwegs – Lebende Dokumente 47
Die rasenden Reporter 47

Konstruierte Wirklichkeit 48
Mit Tricks und Kniffen – Film und Phantasie 48
Das Sammelsurium 49
Teamwork und Regie 49
Geteilte Freude 50
Augenzwinkern – Themen en gros 50
Regisseure und Akteure – Filmers Fundus 52
Make-up-Artisten 52
„Gewürze“ für das Film-Menü 54
Interpunktion – Foto und Film 59
Filter-Kniffe 60
Schneller und langsamer 61
Stopptrick – Von Bild zu Bild 61
Profi-Tricks 63
Vom Filmtrick zum Trickfilm 64
Vorspann à la Mode 65
Kein Lichtspiel ohne Titel! 65
Hilfreiche Technik 66
Live-Titel – Papier und anderes 71
Aus dem Setzkasten 72
Ein Lob der Schere 72
Handwerk und Gestaltung 73
Schnitt und Werkzeug 73
Film und Form 75
Zwischenschnitte 76
Tips für Montagemeister 76
Das gewisse Flüstern 79
Hilfreiche Akustik 80
Im Synchronstudio 81
Bild und Geräusche 83
Sprache und Sprecher 83
Musikalisches 84
Kino-Party – Perfekt 86
Premierenabend 86
Das stationäre Kino 90
Programmgestalter 91
Cinemathek en miniature 92
Gehegt und gepflegt 93

EIN HOBBY MIT PFIFF

Seit die Initiatoren der Super-8-Welle das Filmen als populäre Freizeitbeschäftigung propagieren, hat dieses Hobby unzählige neue Anhänger gefunden. Filmen ist allerdings kein x-beliebiger Zeitvertreib. Es vermag nur dann Freude und innere Befriedigung zu schenken, wenn man sich seiner ungeahnten Möglichkeiten bewußt wird.

Als universelles Medium schließt der Film sämtliche Lebensbereiche und alle erdenklichen anderen Steckenpferde ein. Entspannende Kinematografie bereichert Alltag, Feierabend und Mußestunden, indem sie die schöpferischen Kräfte aktiviert, die Phantasie beflügelt, den Blick für das Sichtbare schärft und Langeweile verhindert.

Die Ausübung dieser faszinierenden Liebhaberei ist keineswegs den Cineasten vorbehalten. Hausfrau, Sekretärin, Studentin und Ärztin, Schlosser, Lehrer, Generaldirektor und Schüler halten mit gleichem Enthusiasmus ihre Erlebnisse, Beobachtungen und Überlegungen filmisch fest, um sie für Jahrzehnte lebendig zu erhalten.

Als »Statussymbole« sind Filmgeräte allerdings völlig ungeeignet, denn über das Resultat entscheiden nicht der apparative Aufwand, sondern Phantasie und Können des Menschen hinter der Kamera! Wer sich dieser vergnüglichen Liebhaberei mit echter Begeisterung widmet, wird auf die Dauer wenig Gefallen an einem kunterbunten Durcheinander lebender Bilder finden. Er profitiert von den Erfahrungen eines praktizierenden Filmkollegen und erlebt somit täglich aufs neue Freude an kreativer Gestaltung. Satteln Sie Ihr Steckenpferd und lassen Sie sich zu einem Ritt über die Seiten dieses Büchleins einladen, damit wir gemeinsam das Abenteuer Film erleben können!

Das Individualisten-Hobby

Filmen ist eine durch und durch aktive Liebhaberei. Wer sich damit beschäftigt, bringt eine Portion Idealismus mit und genießt die Freude an schöpferischer Phantasie. Als echter Individualist benutzt er Kamera und Schneidetisch, um durch den Film die Wirklichkeit zu fixieren, zu interpretieren, zu verwandeln oder

zu verfremden. Dabei sind persönliche Initiative und gute Ideen wichtiger als perfektionistische Technik.
Der Film bietet uns die einmalige Chance, nicht nur Bewegungen aufzuzeichnen und somit lebendig zu erhalten, sondern auch individuelle Gedanken, Gefühle und Fiktionen in beliebiger Variation von Form und Stil optisch darzustellen. Durch akustische Untermalung entwickelt sich der Film zum unschlagbaren audiovisuellen Medium, das als Erinnerungsspeicher und Ausdrucksmittel gleichermaßen begeistert. Aufgeschlossene Zeitgenossen finden keine bessere Möglichkeit, Erinnerungen festzuhalten, andere Menschen zu informieren und sich ihnen mitzuteilen.
Im Gegensatz zum Berufsfilmer, der – bis auf wenige Ausnahmen – rein kommerziell orientiert ist und mehr oder weniger sehenswerte »Fabrikware« produziert, dreht der Hobbyfilmer in liebevoller Kopf- und Handarbeit seine privaten Filmstorys. Ungeachtet der Geschmacksdiktatur des Publikums und professioneller Normen gibt er sich gänzlich seiner Intuition und Ambition hin. Folglich kann der Berufsfilmer zwar in mancher Hinsicht Lehrmeister, niemals aber Vorbild des passionierten Hobbyfilmers sein.

Wann, was, warum?

Die erste Frage läßt sich mit einem glatten »Immer« beantworten. Durch fortschrittliche Konzeption und weitgehende Automatisierung reduzieren moderne Filmgeräte aufnahmetechnische Manipulationen auf ein Minimum. Nicht länger sind Kameras zu Ruhepausen verurteilt. Wir filmen bei Sonnenschein und Regen, bei Tag und Nacht. Wir füllen die gleiche Filmkassette nach Belieben mit Außen- und Innenaufnahmen und können uns dank hilfreicher Technik unbelastet auf Bild- und Filmgestaltung konzentrieren.
Ebenso leicht ist die zweite Frage beantwortet: Wir filmen alles, was uns gefällt oder zufällig vor die Linse gerät. Lebende Bilder berichten von Familie und Freunden, spiegeln unsere Zeit durch Darstellung der Umwelt und konservieren Höhepunkte unseres Lebens. Sie erzählen von Reisen und Ferienerlebnissen oder konfrontieren mit den Geschöpfen unserer Phantasie.

Für den Entschluß, zu filmen, können unzählige Gründe und Anlässe maßgebend sein. Ist es einerseits der Wunsch nach einem Ausgleich zur Routine des Alltags, so ist es andererseits die Freude an einer kreativen Liebhaberei. Wo der eine Filmer die Kamera als optisches Notizbuch verwendet, das Heranwachsen seiner Kinder beobachtet oder Reisereportagen dreht, huldigt der andere ambitiöseren Vorhaben, indem er sich dem Spiel-, Trick- oder absoluten Film verschreibt.
Alle jedoch sollten insofern übereinstimmen, als sie nicht »für die Schublade«, sondern für jene Menschen filmen, die an ihren Erinnerungen, Erlebnissen und optisch fixierten Vorstellungen teilhaben möchten. Wer seine Filme – ohne Berücksichtigung kurzlebiger Modeströmungen – sorgfältig aufnimmt und attraktiv gestaltet, wird nicht nur im Familienkreise, sondern auch bei Außenstehenden Applaus ernten.

Vom Foto zum Film

Wer vom Foto- auf das Filmhobby umsteigt, bringt zwar bildgestalterische Erfahrungen mit, erkennt jedoch bald, daß sich diese beiden Medien grundlegend unterscheiden. Die Aneinanderreihung lebender Dias verdient nämlich keineswegs die Bezeichnung »Film«! Während der Fotograf ein Ereignis oder Erlebnis zu einem einzigen Momenteindruck verdichten muß, vermag der Filmer das Motiv in mehrere aufeinanderfolgende Einstellungen aufzulösen und somit eine lebendige Geschichte zu erzählen. Die Aufnahme bewegungsloser fotografischer Einzeleindrücke unterliegt gänzlich anderen Gestaltungsregeln als eine Filmszene, die auf Bewegungsaktionen basiert. Im Gegensatz zum Foto oder Dia kann die filmische Einzeleinstellung ihre Wirkung nur im Zusammenhang mit einer Folge ergänzender Einstellungen entfalten.
Ein wesentliches Unterscheidungsmerkmal besteht darin, daß beim Film das Bildformat unveränderlich ist (liegendes Rechteck im Höhen-Seiten-Verhältnis von 3:4), während die Fotografie Quer- und Hochformat-Aufnahmen sowie Ausschnittvergrößerungen zuläßt. Eine nachträgliche Korrektur des Filmbildes ist ausgeschlossen, so daß alle gestalterischen Mittel von vornherein auf optimale Wirkung abgestimmt werden müssen.

Modern und aktuell

Das ewig junge Medium Film unterliegt einer steten Wandlung, die seit den Tagen der »nouvelle vague« immer deutlicher in Erscheinung tritt. Gegenwärtig erleben wir eine Renaissance alles Filmischen von beinahe revolutionärem Ausmaß. Beglükkende Wortschöpfungen wie »Jungfilmer«, »Das andere Kino«, »Filmemacher«, »X-Screen« und »Psychedelic-« oder »Underground-Film« verdeutlichen die Bestrebungen junger und geistig aktiver Menschen, den Film durch die ständige Suche nach progressiven Gestaltungsmöglichkeiten von traditionellen Fesseln zu befreien und weiterzuentwickeln. Dies jedoch keineswegs mit professioneller Perfektion, sondern lebendig, unmittelbar und frei von konventionellen Klischees. Daß man sich ungewöhnlicher Techniken bedient (Living Camera, Weitwinkelverzerrung, Collagen, Tricks, harter Schnitt) und in thematischer Hinsicht neue Wege beschreitet (Zeitkritik, Protest, Sex, Psychologie, gesellschaftliche Umstrukturierung), versteht sich von selbst.

Die Interpreten der allerneuesten »Welle« verdienen Beachtung, denn sie sind im positiven Sinne Amateure, und ihre Experimente offenbaren zukunftsweisende Möglichkeiten filmischen Ausdrucks. Ein Hobby wie das Filmen kann nur dann zufriedenstellen, wenn es sich nicht in Erinnerungs- und Unterhaltungskonserven erschöpft, die in abgedroschener Manier heruntergekurbelt werden. Nach modernen Gesichtspunkten zu filmen fällt um so leichter, als der Hobbyfilmer ohnehin nach dem »Film-Maker-Prinzip« verfährt, indem er die meisten Streifen vom ersten Schuß bis zum letzten Schnitt im Alleingang realisiert.

Die Filmemacher haben längst erkannt, daß das Filmen gar nicht so sehr an gußeiserne Regeln gebunden ist. Sie wissen aber auch, daß man filmische Gesetze nur dann erfolgreich ignorieren kann, wenn man sie kennt! Ob Sie im traditionellen Stil oder »schemafrei«, ob Sie betont privat oder engagiert filmen wollen: die Tips dieses Büchleins eröffnen Ihnen sämtliche Möglichkeiten!

Es lebe der Minifilm!

Es gab eine Zeit, da sich das Hobbykinopublikum auch hinsichtlich der Filmlänge am Berufsfilm orientierte. Das Ergebnis waren kilometerlange Schmalfilmschlangen ermüdenden Inhalts. Inzwischen haben sogar die Befürworter »abendfüllender« Streifen von dem guten alten Sprichwort »In der Kürze liegt die Würze« Kenntnis genommen. Nicht zuletzt dank der begrüßenswerten Bemühungen des Fernsehens, den Kurzfilm gesellschaftsfähig zu machen.

Nichts kann den Spaß am Filmen schneller verderben als filmische Bandwürmer mit einer Laufdauer von dreißig und mehr Minuten. Abgesehen davon reißen dergleichen Kolossalfilme ein spürbares Loch in den Geldbeutel. Kurz- und Superkurzfilme sind Trumpf! Selbst erfahrene Filmer werden verblüfft feststellen, daß sich auf einer Super-8-Kassettenfüllung von 15 Metern Länge eine komplette optische Erzählung unterbringen läßt. Drei bis acht Minuten vergnüglicher Leinwandkost können an zwei bis drei Abenden oder an einem Wochenende abgedreht werden und garantieren selbst anspruchsvollen Zuschauern abwechslungsreiche Unterhaltung. In einer Viertelstunde Projektionslaufdauer sollte sich auch das spannendste Thema erschöpfend behandeln lassen.

Das gilt in besonderem Maße für die Ferienfilmausbeute. Statt das gesamte Bildrohmaterial zu einem einzigen Streifen mit Überlänge zusammenzufassen, montiert man zwei oder drei Kurzfilme unterschiedlichen Inhalts. So zum Beispiel eine neue Folge der Familienchronik, einen Dokumentarbericht über das Ferienziel und eine Mini-Satire auf die Gepflogenheiten typischer Touristen. – Wer dem Kurzfilm huldigt, macht mehr aus seinem Hobby!

FILMER ALS KONSUMENTEN

Der Start ins Kinoabenteuer beginnt mit dem Studium vielversprechender Prospekte und einem anschließenden Besuch beim Fachhändler, der die letzten Zweifel daran beseitigt, daß Filmen in technischer Hinsicht kinderleicht geworden ist. Bei vie-

len Interessenten ruft das umfangreiche Angebot der Industrie Ratlosigkeit hervor. Es empfiehlt sich also, das Terrain schon vor dem Erwerb einer Filmausrüstung ein wenig zu sondieren. Für die Wahl der Filmapparaturen ist in erster Linie ihr Verwendungszweck ausschlaggebend. Wer nur hin und wieder, beispielsweise auf Reisen, in den Ferien oder anläßlich eines familiären Ereignisses, lebende Bilder einfangen möchte, begnügt sich mit einfacheren Geräten. Wer alle Möglichkeiten dieser Liebhaberei wahrnehmen und das Filmen als Lieblingshobby betreiben will, wählt von vornherein Apparaturen »mit allen Schikanen«. Der höhere Anschaffungspreis ist insofern gerechtfertigt, als kurzfristiges und kostspieliges Umsteigen auf hochwertigere Kameras und Projektoren entfällt.
Bei der Wahl unserer Ausrüstung vergessen wir niemals, daß Aufnahme- und Wiedergabegeräte lediglich Werkzeuge sind, die es uns ermöglichen, jene Werte zu schaffen, auf die es ankommt: Filme von unschätzbarer dokumentarischer Bedeutung. Es ist keineswegs erforderlich, sich gleich zu Beginn einen kompletten Gerätepark zuzulegen. Nach und nach angeschafft, spornen die Flimmerwerkzeuge ständig aufs neue zu filmischen Taten an. Ein Supertip: Beginnen Sie mit der Kamera und einem ausreichenden Filmvorrat; beglücken Sie Ihre Verwandtschaft mit einschlägigen Geschenkideen (Zubehör, Montagegeräte); krönen Sie erst dann die Ausrüstung mit einem geeigneten Projektor (in der »Übergangszeit« nimmt man den Projektorverleih des Fachhändlers in Anspruch).

Kamera als Handwerkszeug

Es versteht sich von selbst, daß man nach Erwerb einer Filmapparatur eingehend die Gebrauchsanweisung studiert, deren Inhalt ich an dieser Stelle nicht zu wiederholen brauche. Obwohl uns moderne Gerätetechnik weitgehend vor umständlichen und zeitraubenden Manipulationen bewahrt, verdienen einige Konstruktionsmerkmale der Kamera nach wie vor besondere Beachtung.
Wir unterscheiden zwei Suchersysteme. Einfachere Kameramodelle weisen einen getrennt vom Objektiv wirksamen opti-

schen Durchsichtssucher auf, dessen Bildausschnitt nur bei Aufnahmeentfernungen von mehr als drei Metern dem Aufnahmebildfeld entspricht. Bei Nahaufnahmen muß die Parallaxe (Abweichung zwischen den optischen Achsen von Objektiv und Sucher) ausgeglichen werden. Für die Ermittlung der Bildschärfe wird die Aufnahmedistanz geschätzt oder mittels eines Entfernungsmessers festgelegt. – Anspruchsvollere Filmer bevorzugen eine Kamera mit Spiegelreflexsucher. Das Motiv läßt sich vor und während der Aufnahme direkt durch das Objektiv betrachten; das Sucherbild stimmt bei allen Aufnahmedistanzen und jeder beliebigen Objektivbrennweite millimetergenau mit dem tatsächlich aufgezeichneten Bild überein. Die Bildschärfe wird beim Blick durch den Sucher anhand einer Mattscheibe oder eines Schnittbildindikators exakt festgelegt.
Ein durch Batterien gespeister elektrischer Laufwerkantrieb weist gegenüber dem Federwerk insofern Vorteile auf, als man Aufnahmezwangspausen vermeiden und sich gänzlich auf das Motiv konzentrieren kann. Das Filmzählwerk gibt jederzeit Auskunft über die verbrauchte oder zur Verfügung stehende Filmmenge.

Bei Filmreportagen von Partys und dergleichen empfiehlt sich der Einsatz zweier Kurbelmaschinen. Die Stativkamera (K) schießt Überblickseinstellungen, während die mit einer Steckleuchte versehene Handkamera (H) eindrucksvolle Motive »hautnah« auf Zelluloid bannt.

Bevor man sich endgültig zum Kauf eines bestimmten Kameramodells entschließt, unterzieht man die eingebauten Extras einer gestrengen Prüfung. Wer auf keine gestalterische Möglichkeit verzichten und gelegentlich mit effektvollen Tricks aufwarten möchte, kann zwischen mehreren Techniken wählen. Mit Hilfe der Einzelbildschaltung erzeugt er künstliche Bewegungen (Puppen, Miniaturmodelle, Zeichnungen, Titelbuchstaben). Von der Norm (16 – 18 B/s) abweichende Bildfrequenzen bescheren ihm interessante Zeitraffer- oder Zeitdehner-Einstellungen. Die verstellbare Sektorenblende ermöglicht präzise Blendeneffekte; die Rückspulvorrichtung verhilft zu trickreichen Überblendungen und Überlagerungen (Doppelbelichtungen). Einige Kameras sind zusätzlich mit Trickmotor, Buchse für synchrone Tonaufnahmen, Fernauslöseranschluß usw. ausgestattet.

Auf das »Auge« kommt es an

Das aus einem leistungsfähigen optischen Linsensystem bestehende Objektiv gehört zu den wichtigsten Bestandteilen der Kamera. Als unbestechliches Auge verbürgt es die scharfe und farbrichtige Wiedergabe der Motive. Als Qualitätsmerkmale eines Objektivs gelten Lichtstärke (maximale Blendenöffnung, z. B. 1:1,8) und Brennweite (Abstand zwischen Optik und Abbildung eines unendlich weit entfernten Gegenstandes, z. B. f = 12,5 mm). Die Normalbrennweite wird aus dem Maß der doppelten Diagonale des Filmeinzelbildchens abgeleitet.
Im allgemeinen sind Filmkameras vom Hersteller mit einem Standardobjektiv mittlerer Brennweite (9 – 13 mm bei 8-mm-Formaten) ausgestattet, das für die meisten Aufnahmen ausreicht und die Motive in Perspektiven und Proportionen normal wiedergibt. Objektive mit Einstellfassung können auf jede beliebige Aufnahmedistanz, bis hinab zum Nahbereich, eingestellt werden; Fixfocus-Objektive lassen keine Entfernungseinstellung zu, zeichnen aber – bei offener Blende – von zwei Metern bis Unendlich scharf. Für extreme Naheinstellungen stehen Nahvorsatzlinsen, für Makroaufnahmen Balgengeräte zur Verfügung, über die der Fachhändler Auskunft erteilt.
Bestimmte Aufnahmesituationen erfordern von der Norm ab-

weichende Brennweiten, die man mit Hilfe von Wechselobjektiven oder Konvertern (Teilobjektive) erzielen kann.
Das Teleobjektiv (verlängerte Brennweite) holt weit entfernte Motive nach Art eines Fernrohrs nah heran, verkürzt Perspektiven und Entfernungen und läßt Bewegungsaktionen in Aufnahmerichtung scheinbar langsamer ablaufen. Der Schärfentiefenbereich (vor und hinter dem Hauptobjekt scharf abgebildete Motivzone) ist verringert. – Im Gegensatz dazu werden bei Verwendung einer Weitwinkeloptik (verkürzte Brennweite) das Blickfeld der Kamera und der Schärfentiefenbereich beträchtlich erweitert. Kleine Räume erscheinen ausgedehnter, Perspektiven verlängert und Bewegungen in Aufnahmerichtung beschleunigt.
Viele moderne Filmkameras sind serienmäßig mit einem Zoom-Objektiv (Vario-Optik, Gummilinse) ausgerüstet, das den Objektivwechsel überflüssig macht, da es die kontinuierliche Brennweitenveränderung innerhalb eines bestimmten Bereiches (zwischen Weitwinkel und Tele) zuläßt. Das Zoom-Objektiv erleichtert die Ermittlung des günstigsten Motivausschnittes bei unveränderter Kameraposition und ermöglicht – in Ausnahmefällen – optische Fahraufnahmen (Travelling).
Eine passende Sonnenblende verhindert unerwünschten Lichteinfall bei Gegen- und Seitenlichtaufnahmen.

Extras und Zubehör

Obwohl Kameras unmittelbar nach Verlassen des Herstellerwerkes einsatzbereit sind, sollten umsichtige Filmer jenem Zubehör Beachtung schenken, das zu noch besseren Flimmerresultaten verhilft.
Da wild umhertanzende Leinwandbilder nur selten Begeisterung hervorrufen, empfehlen sich bei Freihandaufnahmen Pistolengriff oder – besser – Spezialschulterstütze. Auch progressive Filmkünstler entschließen sich recht bald zur Anschaffung eines stabilen Dreibeinstativs mit Kinoneiger (horizontal und vertikal verstellbarer Stativkopf), das außergewöhnliche Filmeffekte mühelos meistern hilft. So zum Beispiel Tele- und Travelling-Einstellungen, Panoramaschwenks, Makroaufnahmen und Einzelbildtricks. Einbein-, Klemm- und Schraubsta-

tive erleichtern Kameraaktionen auf Reisen; Fahraufnahmen gelingen am besten mit Spezialautostativ oder Rollenuntersatz für das Dreibein.
Meisterfilmer bedienen sich des Taschen- oder Balgenkompendiums, um in die geheimnisumwobene Welt des Filmtricks eindringen zu können (Vignettierung des Bildfeldes durch Vorsatzmasken, Bildteilungen und -kombinationen, Blenden- und Titeleffekte).
Eine genügend große Universaltasche, in der Kurbelkasten, Objektive, Batterien, Filme und kleine Zubehörgeräte untergebracht werden können, setze ich als selbstverständlichen Bestandteil der Ausrüstung voraus.

Die Lichtspender

Das in die Super-8-Kamera eingebaute Konversionsfilter ermöglicht wahlweise Außen- oder Innenaufnahmen bei Verwendung des gleichen Filmmaterials. Durch Knopfdruck, Hebelbetätigung oder Kopplung der Kamera mit einer Filmleuchte schwenkt das Filter aus dem Strahlengang des Objektivs. Man kann also blitzschnell von Tages- zu Kunstlichteinstellungen übergehen. Innenaufnahmen eröffnen neue Möglichkeiten und runden das Bildgeschehen vieler Filme wohltuend ab.
Um die Beleuchtung wunschgemäß steuern zu können, bedient man sich verschiedenartiger Lichtspender. Für die direkte Nahbeleuchtung gelangen Fotolampen (verspiegelte in Fassungen und unverspiegelte in Reflektoren) zum Einsatz, für die indirekte Gesamtausleuchtung der Szenerie eine Halogenlampe (Jodquarzröhre in Reflektor). Beide Lampentypen sind in Form von Super-8-Steckleuchten, getrennt wirksamen Scheinwerfern und netzunabhängigen Batterie- oder Akkuleuchten (für Reportagen, Reisen, Ferien) erhältlich.
Wer buchstäblich mit Licht zaubern möchte (Punktlicht, Spitzlichter, Hintergrundprojektion), verwendet zusätzlich ein »Spotlight« (Stufenlinsenscheinwerfer). Im Hobby-Atelier kann dieser Lichtspender auch durch einen lichtstarken Diaprojektor mit Wechselschieber ersetzt werden.

Titelwerkstatt

Ohne ansprechende Titelei wirkt ein Film unfertig und oft sogar ein wenig dilettantisch. Um den Besuch in der Titelwerkstatt erfreulich zu gestalten, offeriert die Industrie bewährte Zusatzgeräte. Obwohl Titelaufnahmen bei Verwendung von Spiegelreflexkamera und Stativ einwandfrei gelingen, sollten sich nicht nur Besitzer von Sucherkameras zum Erwerb eines Titelgerätes entschließen. Dergleichen mechanische Assistenten leisten nämlich auch bei der Herstellung von Tricktiteln, Trickfilmen und anderen Spezialeffekten wertvolle Dienste. Titelgeräte sind passend zu bestimmten Kameratypen und als Universalapparaturen erhältlich, in starrer oder transportabler Ausführung. Viele Modelle lassen sich nach dem Baukastenprinzip durch Zusatzeinrichtungen zum Tricktisch ausbauen (Steige- oder Lauftitel-, Kipptitel- oder Zeichentrick-Einrichtung). Ein zünftiges Titelgerät ist horizontal und vertikal verwendbar. Es besteht aus verschiebbarer Kamerahalterung, beweglicher Titelbühne, Verbindungssäule und Beleuchtungseinrichtung mit zwei verstellbaren Lampenreflektoren.

Nur für Cutter

Schnitt und Montage bieten dem Hobbyfilmer erfreuliche Möglichkeiten zur Nachgestaltung des Bildrohmaterials. Befriedigende Ergebnisse lassen sich allerdings kaum mit Papierschere und Tischlerleim erzielen.
Für die stilechte Nachbearbeitung des Films bedarf es ausgezeichneten Handwerkszeugs. Die Ausrüstung des Cutters enthält eine einwandfrei funktionierende Klebepresse, einen Laufbildbetrachter mit Umroller und ein Fläschchen filmschonenden Klebe- oder Lösemittels (Filmkitt). Zwei genügend große Leerspulen, eine kleine scharfe Schere und ein Pinsel zum Entfernen von Feilstaub ergänzen das Werkzeug des Schnittmeisters. Wir können zwischen drei unterschiedlichen, auch für Tonfilmer geeigneten Schnittverfahren wählen (Schnitt jeweils im Bildstrich). Nach der Doppelkeilschliff-Methode werden beide Film-Enden keilförmig aufgeraut, im Spaltschnitt-Verfahren mit einer ein-

zigen Hebelbewegung keilförmig abgespalten, nach dem Chemo-Splicer-System zahnförmig gestanzt.
Bei Filmen mit Polyester-Schichtträger (z. B. Single-8) verwendet der Cutter eine Stumpfklebepresse und transparente Klebefolien.

Show und Kino

Ungetrübter Genuß der eigenen Filme im Privatkino setzt eine technische Ausrüstung voraus, die mit Sorgfalt ausgewählt wurde. Ohne brauchbare Vorführgeräte ist nämlich auch der beste Streifen wertlos.
Im Mittelpunkt unseres Interesses steht der formatgerechte Projektor. Er soll funktionssicher, leicht zu bedienen und transportabel sein. Stumm- und Tonfilmprojektoren sind für alle Hobbyfilmformate lieferbar. »Umsteiger« bevorzugen Mehrformatprojektoren, auf denen man wahlweise Super-8-, Single-8- oder Standard-8-Filme vorführen kann. Besitzer von Tonbandgeräten entscheiden sich für eines der Zweiband-Vertonungsverfahren (Einheitstonsystem oder mechanischer Tonkoppler); fortschrittliche Tonfilmer bevorzugen das Einbandverfahren (Magnettonrandspur).
Als wichtigste Merkmale eines Qualitätsprojektors gelten Objektiv, Lampe, Bildfrequenz und Spulenkapazität. Bei Einrichtung eines stationären Hobbykinos wählen wir ein Projektionsobjektiv fester Brennweite (Beispiel: f = 15 mm ergibt bei 3,5 m Projektionsdistanz eine Schirmbildbreite von 1 m). Wird in verschiedenen Räumen vorgeführt, empfiehlt sich die Anschaffung einer Zoom-Optik, um das Bild allen Projektionsdistanzen und Bildschirmgrößen anpassen zu können. Halogen- oder Niedervolt-Projektionslampen verbürgen ein helles und brillantes Leinwandbild. Das Vorführgerät muß sich auf eine konstante Projektionsfrequenz von 16 oder 18 Bildern in der Sekunde (normal) und möglichst auf 24 B/s (Kauffilme) einstellen lassen. Vielbeschäftigte Operateure schätzen die Filmeinfädelautomatik. Auf technische Spielereien wie Stillstands-, Zeitdehner- und Rückwärtsprojektion kann man getrost verzichten, zumal sie nur bei Stummfilmen anwendbar sind.

8-mm-Projektoren sollten für Spulen bis zu einem Fassungsvermögen von 120 m eingerichtet sein.
Gastfreundliche Filmer legen Wert auf eine hobbygerechte Bildwand und begnügen sich keineswegs mit ausgedienten Bettlaken! Sobald sie die ersten Vorführabende mit einem Bildschirm aus reinweißem oder silberfarbenem Plakatkarton überbrückt haben, entschließen sie sich zur Anschaffung einer transportablen oder fest zu installierenden Bildwand (starr oder aufrollbar, mit Aufhängevorrichtung oder Stativ). Unter Berücksichtigung der räumlichen Verhältnisse wählen sie weißes Textil- oder Plastiktuch (geringe Reflexion, aber breiter Reflexionswinkel), metallisiertes Material (Reflexion und Reflexionswinkel normal) oder Kristallperltuch (optimale Reflexion, schmaler Reflexionswinkel).
Tonfilm-Lautsprecher müssen in unmittelbarer Nähe der Bildwand, also unabhängig vom Projektor, aufgestellt werden können. Steht kein Zusatzlautsprecher zur Verfügung, erfolgt die Tonwiedergabe über ein beliebiges Radio- oder Tonbandgerät. Die in den Projektor eingebaute Verstärkeranlage reicht für Privatkinozwecke völlig aus.

Akustisches

Nachdem wir uns über die problemlose Tonfilm-Wiedergabe unterhalten haben, werfen wir einen Blick ins Synchronstudio, um uns mit den technischen Hilfsmitteln des Toningenieurs vertraut zu machen.
Auf die Beschreibung überholter Vertonungstechniken verzichtend, konzentrieren wir uns auf das fortschrittliche und zukunftssichere Einbandverfahren. Nach diesem System wird der fix und fertig montierte Film vom Fachhändler mit einer sogenannten Magnettonrandspur (aufgeklebtes Minitonband) versehen. Tonaufnahme und Bild-Ton-Wiedergabe erfolgen mit dem gleichen Projektor. Ein zusätzliches Tonbandgerät ist nicht erforderlich. Der international genormte Abstand zwischen Bildfenster und Tonkopf des Einbandprojektors beträgt 18 Bilder bei Super-8 oder Single-8 und 56 Bilder bei Standard-8-Streifen.

Um Sprache, Geräusche und Musik beliebig mischen zu können, muß der Einbandprojektor mit Tricktaste, mehreren Eingängen (für Mikrofon, Radio, Plattenspieler, Bandgerät) oder eingebautem Mischpult ausgestattet sein. Aussteuerungsautomatik, Raumgeräuschunterdrückung bei Mikrofonaufnahmen und Hinterbandkontrolle (Abhörmöglichkeit über Kopfhörer) erleichtern die Synchronisation wesentlich. Mikrofon und Überspielkabel gelten als unerläßliches Zubehör.

Filme und Formate

Sämtliche Filmformate bieten die gleichen technischen Voraussetzungen für die Realisation erfreulicher Lichtspiele. Trotzdem sollte man sich schon zu Beginn seiner Flimmerlaufbahn für eine bestimmte Filmbreite entscheiden. Nachträglicher Formatwechsel ist kostspielig und mit technischen Schwierigkeiten verbunden.
Neben Super-8 (in Kassetten oder als Doppel-Super-8-Film auf Spulen) existieren vier weitere Formate: Single-8 (wie Super-8, aber in andersartigen Kassetten), Standard-8 (Doppelachtfilm auf Spulen), 9,5 mm und 16 mm. Außerdem die Berufsfilmformate 35 mm und 70 mm. Standard-8-Filmer können mit Hilfe von Mehrformatkameras und -projektoren relativ mühelos auf Super-8 oder Single-8 umsteigen.

WENN BILDER LAUFEN LERNEN

Der Film ist ein durch und durch visuelles Medium. Er birgt eine solche Fülle eigener Ausdrucksmöglichkeiten, daß er universell verstanden wird und nur gelegentlich der Ergänzung durch artfremde Elemente (Wort, Geräusch, Musik) bedarf. Willkürlich aneinandergereihte lebende Bilder und kunterbuntes Szenendurcheinander sind freilich kaum geeignet, kinematografische Genüsse zu vermitteln. Wer sich optisch verständlich ausdrücken will, bedient sich der für den Film geschaffenen »Bildsprache« und ihrer faszinierenden »Grammatik«.

Illusionen

Durch Druck auf den Auslöser unserer Kamera erzeugen wir lediglich die Illusion von Bewegungsabläufen. Wir belichten je Sekunde 16 oder 18 hintereinander auf dem Filmstreifen angeordnete Minidiapositive mit fortlaufenden, aber an sich starren Bewegungsphasen. Jedes Einzelbildchen ist nur für einen Sekundenbruchteil auf der Leinwand sichtbar. Wird dem Auge eine bestimmte Anzahl solcher Bewegungsphasen (Minimum: 16 Bilder in der Sekunde) dargeboten, verschmelzen die Bildeindrücke im Sehzentrum des Gehirns zu flüssigen Bewegungsabläufen. Der Filmstreifen wird ruckartig durch den Projektor transportiert und jedes Einzelbildchen vor der Ablösung durch das nächste mittels einer Umlaufblende abgedeckt. Während das neue Bildchen bereits auf der Leinwand sichtbar ist, bleibt der vorhergehende Bildeindruck auf der Netzhaut des Auges erhalten (Nachbildwirkung = stroboskopischer Effekt). Ob als Laufbild oder mit der Einzelbildschaltung aufgenommen: das Motiv »lebt«!

Film = Bewegung

Der Film unterscheidet sich durch die Möglichkeit, Bewegungen aufzuzeichnen und jederzeit wiederzugeben, grundlegend von anderen Medien. Da er seine Wirkung in erster Linie aus Bewegungsaktionen bezieht, müssen alle anderen Gestaltungsmittel der Bewegung untergeordnet werden. Folgende Tips verhelfen zu überaus lebendigen »Bewegungsbildern«:
Man filmt vorzugsweise bewegliche Objekte. Statische Motive dienen lediglich der Illustration (Schauplatz, Milieu). – Bei vorherrschend statischen Objekten tritt die bewegliche Kamera in Aktion (Fahr-, Schwenk- und Travelling-Einstellungen).
Wir gewähren beweglichen Objekten innerhalb des Bildfeldes Spielraum für die Bewegungs- und Blickrichtung. – Bewegungsvorgänge wirken besonders eindrucksvoll, wenn sie diagonal durchs Bildfeld oder schräg zur Aufnahmerichtung verlaufen. Quer zur optischen Achse sollten nur langsame oder durch einen Schwenk begleitete Bewegungen gefilmt werden. – In aufeinanderfolgenden Einstellungen muß die Blickrichtung einer

Person beibehalten werden, da sonst ein verwirrender »Achsensprung« entsteht. Die Blickrichtung zweier Partner muß, auch wenn diese nicht gleichzeitig sichtbar sind, entgegengesetzt sein. – Änderungen der Bewegungsrichtung sind zu vermeiden.

Wir gewähren unseren Aufnahmeobjekten innerhalb des Bildfeldes Spielraum für die Bewegungs- und Blickrichtung.

Verläßt ein bestimmtes Objekt das Bildfeld auf der rechten Seite, muß es sich in der folgenden Einstellung von links her ins Bildfeld bewegen. – Übrigens gelten nach rechts verlaufende Bewegungen als aktiv, nach links verlaufende als passiv. – In vielen Filmen läßt sich die Spannung durch »Transport« steigern. Dieser Begriff beinhaltet jegliche Art von »Verfolgungsjagden«, die sich aus Thema und Bewegungsvorgängen ergeben (Autofahrt, Reise, Versteckspiel der Kinder, Wettkampf und Spielfilmgeschehen).

Die optische Sprache

Nur die konsequente Anwendung bildsprachlicher Mittel verspricht optimale kinematografische Resultate. Wenn wir die Filmeinstellung mit einem »Bildwort« gleichsetzen, bedienen wir uns einer Weltsprache, die überall verstanden wird. Jede Schriftsprache wird von der optischen übertroffen, denn von einer Filmeinstellung gehen gleichzeitig mehrere Eindrücke aus (Bewegung, Motiv, Bildgestaltung). Wenn der französische Regisseur Robert Bresson meint: »Die Bilder haben wie die Wörter nur Macht durch ihre Verbindung«, dann trifft er den Nagel auf den Kopf. Auch im optischen Bereich vermag ein einzelnes Wort nur wenig auszusagen. Folglich setzen wir immer mehrere »Bildwörter« (Einstellungen oder Aufnahmen) zu einem »optischen Satz« (Bildfolge oder Szene) zusammen, indem wir das gleiche Motiv aus verschiedenen Distanzen und Blickwinkeln mit der Kamera anpeilen. Beliebig viele Bildfolgen ergeben, sinnvoll aneinandergereiht, eine optische Erzählung (Film). Anzahl und Reihenfolge von Einstellungen oder Szenen werden durch Motiv und Filmthema bestimmt.

Die Regel von der »Auflösung der Totale« dient der Orientierung des Filmers, indem sie die Ausdrucksmöglichkeiten durch Variation der Aufnahmeentfernung verdeutlicht. Nicht jede Bildfolge muß eine komplette Serie der im folgenden erläuterten Einstellungen enthalten. Im Gegenteil: wir üben uns in der Kunst des Weglassens! Alle Bilder, die sich nicht unmittelbar auf das Geschehen beziehen, dürfen entfallen. Anhand charakteristischer Details konzentrieren wir uns auf Wesentliches, ohne die Verständlichkeit der Bildfolge zu beeinträchtigen.

Bei der folgenden Kurzanalyse der wichtigsten Einstellungsarten (= Aufnahmeentfernungen) beziehen wir uns auf den Menschen und seine Umgebung.

W (Weit): Aus großer Entfernung filmend, vermitteln wir mit der Weiteinstellung einen Gesamtüberblick, skizzieren den Ort des Geschehens, schildern das Milieu und vermitteln Atmosphäre. Der Mensch bleibt vorläufig unwesentlicher Bestandteil des Motivs (Beispiel: Marktplatz).

TO (Totale): Durch verringerte Aufnahmedistanz wird die wichtigste Schauplatzpartie aus ihrer weiteren Umgebung herausgelöst. Der Mensch bleibt weiterhin lebende Staffage, erregt jedoch bereits die Aufmerksamkeit des Betrachters (Beispiel: einzelne Motivpartie des Wochenmarktes).

HN (Halbnah): Indem die Kamera näher ans Motiv heranrückt, stellt sie das Hauptobjekt in seiner Gesamtheit vor. Stehende Menschen füllen das Bildfeld von Kopf bis Fuß aus (Beispiel: Verkaufsstand mit Händler und Kunden). – Verringerte Aufnahmedistanz = N (Nah oder Brustbild des Menschen).

G (Groß): Als filmfreundlichste Einstellungsart bezieht die Großaufnahme den Betrachter förmlich ins Bildgeschehen ein. Aus kurzer Entfernung gefilmt, wirkt der Motivausschnitt noch unmittelbarer und packender als in der Naheinstellung. Der Kopf und eine schmale Schulterpartie des Menschen füllen das Bildfeld aus (Beispiel: Verkäufer oder Kundin mit Ware).

GG (Ganzgroß): Durch Aufnahmen aus kürzester Entfernung versehen wir die Bildfolge mit eindrucksvollen optischen Akzenten. Details des Aufnahmeobjekts entwickeln sich zum subtilen Ausdrucksmittel für Situationen, Gedanken und Gefühle. Das Gesicht des Menschen wird vom oberen und unteren Bildrand angeschnitten (Beispiele: Kundengesicht, Obstkorb, Waage).

In Detail-Einstellungen (D) erzielen wir durch überlebensgroße Abbildung motivlicher Einzelheiten eine weitere Aussagesteigerung (Beispiele: lachendes Augenpaar, Hand mit Wechselgeld, einzelne Früchte).

Die meisten Bildfolgen enthalten eine Überblickseinstellung, einige lokalisierende HN- und N-Aufnahmen sowie mehrere erklärende G- und GG-Einstellungen. Bei der Erweiterung einer Bildfolge durch optische »Nebensätze« (Beispiele: andere Verkaufsstände, Marktbrunnen, Kinder am Eiswagen) brauchen die einführenden Überblicksaufnahmen natürlich nicht wiederholt zu werden.

Erfahrene Filmer nehmen jede Gelegenheit wahr, hautnah an die Motive heranzurücken. Sie wissen, daß Groß- und Ganzgroßaufnahmen als intensivste und eindrucksvollste Gestaltungsmittel oft mehr über das Objektiv auszusagen vermögen als eine ganze Serie Totalen oder Halbnaheinstellungen. Abbildungen von Details reißen den Betrachter mit und erzwingen seine Aufmerksamkeit. Dabei spielt es eine untergeordnete Rolle, ob man mit Aufnahmen menschlicher, tierischer, pflanzlicher, technischer oder sonstiger Einzelheiten überrascht.

Von Schuß zu Schuß

Wollen wir zwei Partner oder Gegenspieler vorstellen und die Bildfolge so lebendig wie möglich gestalten, bedienen wir uns einer beliebten Einstellungskombination. Mit »Schuß« und »Gegenschuß« filmen wir die beiden in unmittelbar aufeinanderfolgenden HN- oder N-Einstellungen. Im Schuß wird Person 1 von vorne gefilmt und Hinterkopf und Schulter von Person 2 in den Bildvordergrund einbezogen. Für den Gegenschuß stellen wir die Kamera entgegengesetzt auf, so daß Person 2 von vorne sichtbar ist, während ein Teil der Rückenpartie von Person 1 den Vordergrund bildet.

Gesprächspartner, Liebespaare und Kontrahenten werden durch Bildfolgen vorgestellt, in denen abwechselnd Person A von vorne, Person B von hinten (S = Schuß) und Person B von vorne, Person A von hinten (GS = Gegenschuß) sichtbar sind.

Betonung durch Perspektive

Eine Bildfolge fällt allein durch ständigen Einstellungswechsel und Variation des Blickwinkels abwechslungsreich aus. Doch erst durch den gezielten Einsatz zusätzlicher Gestaltungsmittel entfaltet sie optimale Wirkung. Dazu gehören in erster Linie die unterschiedlichen Kamerablickrichtungen.

Obwohl die meisten Aufnahmeobjekte etwa aus Augenhöhe eines stehenden Menschen anvisiert werden können (Kopfperspektive), empfiehlt es sich, die Standardposition der Kamera gelegentlich zu variieren. Je kürzer die Aufnahmeentfernung, desto deutlicher tritt die äußere und innere Wirkung einer abweichenden Kamerablickrichtung in Erscheinung. Selbstverständlich dürfen und sollen die hier beschriebenen extremen Aufnahmeperspektiven durch Zwischenformen wie Brust-, Bauch- oder Knieperspektive abgewandelt und dem Motiv angepaßt werden.

Bei Aufnahmen aus der »Froschperspektive« befindet sich die Kamera knapp über dem Fuß- oder Erdboden. Wird sie horizontal ausgerichtet, filmen wir aus der Sichtebene eines kriechenden Kleinkindes oder Haustiers. Indem wir das Objektiv schräg nach oben richten, bilden wir die Aufnahmeobjekte durch verschobene Linien und Proportionen größer und wuchtiger

Mehrmals aus verschiedenen Distanzen und Blickwinkeln anvisiert, erzählt das Motiv eine »Story«. Die Bildfolge setzt sich aus Totale (1), Halbnah-Einstellung/Froschperspektive (2), Nahaufnahme (3) und Halbnah-Einstellung/Bauchperspektive (4) zusammen (K = Kamera).

Findige Filmer verwandeln simple Motive durch tiefe Kameraposition und attraktiven Vordergrund in eine »Durchblick«-Einstellung.

Statische Aufnahmeobjekte werden durch einen beweglichen Motivrahmen aus windzerzausten Ästen »filmogen« gestaltet.

Eindrucksvolle Groß-Einstellungen würzen die Bildfolge und erzwingen die uneingeschränkte Aufmerksamkeit des Publikums.

Durch Schärfenverlagerung während der Aufnahme lenken wir Zuschauerblicke auf die jeweils scharf abgebildete Motivpartie.

Bei Gag- und Psychoabsichten verhilft das Weitwinkelobjektiv zu unkonventioneller Bildgestaltung und schockenden Objektverzerrungen.

ab oder lösen sie von störenden Hintergrunddetails. Aus dieser Kameraposition aufgenommen, überragt und beherrscht das Motiv seine Umwelt. Abgebildete Personen scheinen den Zuschauer zu bedrohen und einzuschüchtern.
Aufnahmen aus der »Vogelperspektive« strahlen hinsichtlich der äußeren und inneren Bildaussage eine gegensätzliche Wirkung aus. Schräg oder senkrecht von oben nach unten filmend, stellen wir beispielsweise das Blickfeld eines Beobachters dar. Linien und Proportionen werden auch jetzt verzerrt wiedergegeben. Die Aufnahmeobjekte erscheinen klein und unscheinbar. Abgebildete Personen rufen beim Zuschauer Mitleid oder Verachtung hervor.
Werden Aufnahmen aus unterschiedlichen Kamerablickrichtungen unmittelbar hintereinandergesetzt, läßt sich überdeutlich ein Situations- oder Stimmungswechsel darstellen.

Statisch oder entfesselt?

Die Mehrzahl unserer Filmaufnahmen entsteht mit statischer, also unbeweglicher Kamera. Ruhigen Bildstand verbürgt die Verwendung von Stativ, Schulterstütze oder Pistolengriff. Der modern eingestellte Filmer wünscht sich jedoch in vielen Aufnahmesituationen eine lebendigere und dynamischere Bildgestaltung. Konventioneller Fesseln ledig, läßt er die »Living Camera« motivbedingte Eigenbewegungen ausführen. Damit Einstellungen mit entfesselter Kamera nicht als Aufnahmefehler mißdeutet werden, baut man sie gezielt und mit Fingerspitzengefühl in die Bildfolge ein.
Bei Freihandaufnahmen läßt sich eine zusätzliche Kamerastabilisierung dadurch erzielen, daß man die Arme anwinkelt, sich anlehnt oder die Ellbogen aufstützt. Manche Einstellungen erfahren eine Aussagesteigerung, wenn der Kameramann während der Aufnahme in gleichbleibender Entfernung um das Objekt (Person, zwei Gesprächspartner, Tier, Gegenstand) herumwandert, wenn er es, vorwärts oder rückwärts gehend, in synchronem Tempo begleitet (Fußgänger, langsames Fahrzeug).
Mit verkanteter, also schrägstehender Kamera täuschen wir einerseits unglaubliche Steigungen und Gefälle vor (keine Häu-

ser, Bäume oder Masten ins Bildfeld einbeziehen!) und deuten andererseits eine außergewöhnliche Situation an (z. B. Gefahr). Kameraverkantung darf, bedingt durch den Bildinhalt, auch während der Aufnahme vorgenommen werden.

Durch sehr schnelle Kameraschwenks lassen sich zwei oder mehrere – statisch aufgenommene – Motive (Gesichter einer Gruppe, Gegenstände, Haustür und Fenster im vierten Stockwerk) spannungssteigernd miteinander verbinden. Ein solcher »Riß« hebt einzelne Motivpartien hervor oder deutet einen Schauplatzwechsel an. – Panoramaschwenks gelangen nur selten zum Einsatz (Landschaft, Gebäude, zwei Personengruppen). Läßt sich ein Horizontalschwenk nicht in starre Einstellungen auflösen, beginnen und beenden wir ihn mit drei statischen Aufnahmesekunden und bewegen die Kamera sehr langsam von links nach rechts. Vertikalschwenks sind in beliebigen Richtungen möglich (Belebung unbeweglicher Motive). – Im begleitenden Schwenk verfolgt die Kamera ein schnell bewegtes Objekt (Läufer, Reiter, Fahrzeug). Sofern das Hauptobjekt in Bildfeldmitte verbleibt, spielen Richtung und Tempo des Schwenks keine Rolle.

Fahraufnahmen bieten umfangreiche Möglichkeiten zur Motivbelebung, Bewegungsbegleitung und Temposteigerung, wenn sie motiviert und nicht zu oft in den Film eingebaut werden. Man bedient sich des Rollenuntersatzes zum Dreibeinstativ oder befestigt den Kurbelkasten mittels Spezialhalterung (Schraub- oder Autostativ) an Servierwagen, Auto, Straßenbahn, Motorboot oder Achterbahnwagen. Als ruhender Bezugspunkt für das Zuschauerauge wird ein statisches Motivdetail in den Bildvordergrund einbezogen. Von Zeit zu Zeit nimmt die total entfesselte, aber fest mit dem Vehikel verbundene Kamera an rasenden Fahrten auf Go-Karts, Skiern oder Rollschuhen teil.

Von objektiv zu subjektiv

Obgleich der Kameramann auch bei Anwendung der bisher beschriebenen Techniken subjektiv verfährt, gelten diese, verglichen mit einem anderen optischen Ausdrucksmittel, als objektiv.

Die »subjektive Kamera« erfüllt spezielle filmische Aufgaben. Sie betrachtet die Umwelt gewissermaßen mit den Augen einer handelnden Person und imitiert deren Blickfeld. Daß solche dynamischen und spannungssteigernden Einstellungen nur mit der Handkamera realisierbar sind und überdies sparsam eingesetzt werden müssen, versteht sich von selbst.

Durch Aufnahmen mit subjektiver Kamera, die ständig mit Bildern der betreffenden Person abwechseln, vermag sich der Zuschauer mit der Handlungsfigur zu identifizieren. Indem der Kameramann die Bewegungen umherblickender, laufender, tanzender, schwankender oder stürzender Lebewesen nachahmt, stellt er deren Blickfeld und Blickwinkel optisch dar. Er betrachtet die Szenerie aus der Perspektive eines Babys oder Haustiers, läßt die Kamera zur Verdeutlichung einer Ohnmacht rotieren, tritt als Partner eines Faustkämpfers auf oder imitiert mit knapp über der Rasenfläche schwebender Kamera den Flug eines Insekts.

Weitwinkel und Tele

Nachdem wir uns im vorigen Kapitel über die optischen Eigenschaften kurz- und langbrennweitiger Objektive unterhalten haben, sollten wir uns ein paar Zeilen lang mit deren gestalterischen Möglichkeiten beschäftigen.

Durch Aufnahme mit dem Weitwinkelobjektiv wird das Blickfeld der Kamera erweitert, so daß auch in kleinen Räumen und engen Gassen ausgedehnte Bewegungsaktionen möglich sind. Durch verlängerte Perspektiven und erweiterten Schärfentiefenbereich gewinnt das Bild räumliche Wirkung, da scheinbar größere Distanzen zwischen den einzelnen Bildebenen (Vorder-, Mittel-, Hintergrund) gegeben sind. Bewegungen in Aufnahmerichtung werden beschleunigt wiedergegeben. Mehr Beachtung verdient die optische Verzeichnung der Linien und Proportionen, vor allem bei Vordergrundobjekten und in Großeinstellungen: Gesichter werden grotesk oder gar furchteinflößend verfremdet, Gestalten (Froschperspektive) wachsen ins Gigantische, Gegenstände erscheinen nahezu monumental, Kleinautos entwickeln sich zu Straßenkreuzern.

Bei Aufnahme mit Tele-Objektiven wird die Wirkung von Weitwinkeleinstellungen gewissermaßen umgekehrt. Das Blickfeld der Kamera ist erheblich eingeengt, der Schärfentiefenbereich verringert. Durch verkürzte Perspektiven wird die Raumwirkung des Bildes annähernd aufgehoben; die Motivebenen rücken nah zusammen. Bewegungen in Richtung der optischen Achse scheinen langsamer abzulaufen. Auch langbrennweitige Objektive erweitern die filmischen Möglichkeiten beträchtlich. Weit entfernte Objekte rücken bildfüllend heran. Porträts wirken durch fehlende Verzeichnung natürlicher, störende Nahdetails (Maschendraht, Gräser usw.) lösen sich auf, durch optisch verringerte Distanz lassen sich effektvolle Objektkombinationen erzielen (z. B. Mensch und bildwirksame Kulisse), Makromotive werden überlebensgroß abgebildet, die versteckte Kamera verhilft zu lebensechten Menschen- und Tierbeobachtungen.

Travelling

Wir verwenden die Zoom-Optik in erster Linie dazu, bei unveränderter Kameraposition den günstigsten Motivausschnitt zu ermitteln. »Travelling« (Brennweitenveränderung während der Aufnahme = optische Fahraufnahme) sollte maß- und sinnvoll angewendet werden, da es wie jeder Effekt rasch abnutzt. Allmähliche Brennweitenveränderung ersetzt – in Ausnahmefällen – harten Einstellungswechsel oder belebt statische Motive. Die rasche optische Fahrt hebt ein zunächst verborgenes Objektdetail bildfüllend hervor und dient somit als optischer Hinweis oder Bildschock. Ein sich in Aufnahmerichtung bewegendes Objekt kann durch begleitendes Travelling über den gesamten Einstellungsverlauf in gleichbleibender Größe abgebildet werden.

Das richtige Maß

Kaum hat man sich mit bildsprachlichen Gestaltungsmitteln angefreundet, taucht die Frage nach der »richtigen« Einstellungslänge auf. Die Beantwortung dieser Frage ist insofern schwierig, als für die Laufdauer einer Einstellung mehrere Faktoren maßgebend sind (Aufnahmedistanz, Bildinhalt, Bewegungsvor-

gänge und eventuelle Eigenbewegung der Kamera). Als Faustregel gilt: Je geringer die Aufnahmeentfernung, desto kürzer die Einstellung. Da man zu lang geratene Einstellungen beim Schnitt kürzen kann, wird der Auslöser im Zweifelsfalle ein wenig länger betätigt.
Folgende Tips für Filmneulinge bewahren vor kurz- und langatmigen Einstellungen, dürfen aber lediglich als Anhaltspunkte gewertet werden: Weiteinstellungen und Totalen 6 bis 10 Sekunden, Halbnahaufnahmen bis zu 6 Sekunden, Großeinstellungen 3 bis 5 Sekunden, Ganzgroßaufnahmen 1 bis 3 Sekunden.

TIPS FÜR FLIMMERKÜNSTLER

Auf der Grundlage bisher gesammelter Erfahrungen können bereits unzählige ansprechende Lichtspiele realisiert werden. Ein Filmabenteuer entwickelt sich jedoch erst durch die methodische Anwendung bildsprachlicher und aufnahmetechnischer Kniffe zu einem unvergeßlichen Erlebnis. »Programmiertes Filmen« ist nur hinsichtlich der problemlosen Handhabung unserer Geräte möglich. Über Bildinhalt und Gestaltung entscheiden nach wie vor die Frau oder der Mann hinter der Kamera!

Gut belichtet ist halb gewonnen

Das Gelingen einer Filmaufnahme hängt nicht zuletzt von exakter Belichtung ab. Wenn die Filmempfindlichkeit nicht selbsttätig durch die Super-8-Kassette eingestellt wird, müssen DIN- oder ASA-Wert des verwendeten Filmmaterials auf das Bedienungselement des Belichtungsmessers übertragen werden. Fast alle modernen Filmkameras weisen vollautomatische Belichtungsregelung durch ein objektivgekuppeltes Meßgerät auf, das uns vor umständlichen Manipulationen bewahrt und schnelle Kameraschüsse ermöglicht. In bestimmten Aufnahmesituationen ist jedoch eine geringfügige Blendenkorrektur erforderlich. Vor allem bei starken Kontrasten zwischen hellen und dunklen Motivpartien (Gegenlicht- und Durchblick-Einstellungen, Motive im Schatten, helle Objekte vor sehr dunklem Hintergrund, Motive vor weißer Wolkendecke oder im Nebel). Um

dennoch brauchbare Resultate zu liefern, muß die Kamera manuelle Blendensteuerung zulassen (abschaltbare Automatik, Korrekturknopf, Möglichkeit zur Fixierung des Blendenwertes). Die geeignete Blendenöffnung wird durch Nahmessung der wichtigsten Motivpartie ermittelt. Kameras mit halbautomatischer Belichtungsregelung ermöglichen Blendeneinstellung und Korrekturen mit Hilfe eines im Sucher sichtbaren Nachführzeigers.
Wer sämtliche filmischen Aufgaben bravourös meistern möchte, bevorzugt die Reflex- oder Innenmessung durch das Aufnahmeobjektiv. Diese Meßmethode erweist sich als ideal, da das Meßinstrument den tatsächlich aufgezeichneten Motivausschnitt erfaßt und sämtliche Brennweitenveränderungen (Wechselobjektive, Zoom-Optik) beziehungsweise evtl. Filter-Verlängerungsfaktoren automatisch berücksichtigt. Der Meßwinkel getrennt wirksamer Belichtungsmesser entspricht einem mittleren Bildwinkel (Normalobjektiv). Bei Einsatz abweichender Objektivbrennweiten, bei Verwendung von Filtern und bei Aufnahmen im Nahbereich sind entsprechende Belichtungskorrekturen erforderlich.

Komponierte Bilder

Da der Film seine Wirkung in erster Linie aus Bewegungsvorgängen innerhalb des Bildfeldes und aus ständigem Einstellungswechsel bezieht, dient die fotografische Bildkomposition lediglich der bildsprachlichen Akzentuierung. Sie darf allerdings auch angesichts dieser Tatsache nicht vernachlässigt werden! Neben den bereits erwähnten Gestaltungsmitteln sind drei Komponenten für die Bildcharakteristik maßgebend.
Die Einstellung wird grundsätzlich von einer Bilddominante beherrscht, die durch Bewegung oder Form als Blickfang dient. Ihre Position innerhalb des Bildfeldes wird durch ihr Verhältnis zur Umgebung, durch Bewegungs- und Blickrichtung bestimmt (Bildmitte; rechte oder linke, obere oder untere Bildhälfte). Harmonischer Bildaufbau ergibt sich durch die optisch wirksamste Anordnung der Motivpartien und die Verteilung der Bildschwerpunkte (Mensch und Gruppe, Mensch und Umgebung oder Gegenstand, Landschaft und Gebäude, Tier und Pflanze).

Die Staffelung der Motivebenen erlangt nur in Weiteinstellungen, Totalen und Halbnahaufnahmen Bedeutung. Während der Hintergrund den Schauplatz skizziert, das Milieu schildert und Stimmungen erzeugt, dient der Mittelgrund als wichtigster Aktionsbereich beweglicher Objekte. Vordergrundmotive verlangen besondere Beachtung, da sie vom Zuschauer deutlicher registriert werden. Sie erzeugen eine dreidimensionale Bildwirkung, versehen das Hauptobjekt mit einem effektvollen Motivrahmen (Zweige, Girlanden, Schilder), ermöglichen die Gestaltung von Durchblick-Einstellungen (Torbogen, Karrenrad, gespreiztes Beinpaar) oder kaschieren störende Hintergrunddetails.

Durch Staffelung der Motivebenen in Weit-Einstellungen, Totalen und Halbnahaufnahmen gewinnt die Szenerie räumliche Tiefe (V = Vordergrund, M = Mittelgrund, H = Hintergrund).

Die Linienführung innerhalb des Motivs trägt wesentlich zur Intensivierung des Bildausdrucks bei. In die obere Bildhälfte verlegt, lenkt die horizontale Linie den Blick auf den unteren Bildteil; eine tiefe Horizontlinie betont Vordergrundobjekte und vermittelt den Eindruck von Weite. Vertikale Linien heben Bewegungen hervor und grenzen einzelne Bildpartien gegeneinander ab. Am stärksten beeindrucken diagonale Linien. Sie deuten die Bewegungsrichtung an, weisen auf die Bilddominante hin und steuern Zuschauerblicke in die Tiefe des Bildes (z. B. durch Straßen, Alleen, Flußläufe, Treppen, Geländer, Schränke, Teppichkanten oder durch die Konturen eines Fahrzeugs).

Scharf und unscharf

Der Schärfentiefenbereich kann mit Hilfe der Objektivbrennweite und der Blendenöffnung variiert und die Bildschärfe infolgedessen als gestalterisches Mittel eingesetzt werden. Kurzbrennweitige Objektive weisen einen größeren, langbrennweitige einen geringeren Schärfentiefenbereich als Normaloptiken auf. Bei Einstellung auf einen großen Blendenwert (kleine Blendenöffnung, z. B. 11) wird der Schärfentiefenbereich erweitert, bei kleinem Blendenwert (große Blendenöffnung, z. B. 1,8), bedingt durch die Beleuchtungsintensität, verringert.
Gezielte Steuerung der Bildschärfe führt zu interessanten Gestaltungseffekten: durchgehende Bildschärfe (plastische Bildwirkung und vorteilhafteste Einstellungsart bei schnellen Kameraschüssen), Hintergrundunschärfe (Auflösung störender Hintergrunddetails und deutlich hervorgehobenes Vordergrundobjekt), Vordergrundunschärfe (verwischter Bildrahmen zur Betonung des Hauptmotivs und als Farbakzent), partielle Bildschärfe (Betonung des Aktionsbereiches beweglicher Objekte durch unscharfen Vorder- und Hintergrund).
Um den Zuschauer motivgerecht beeinflussen, Vorder- und Hintergrund auf ungewöhnliche Weise verbinden oder Wechselbeziehungen zwischen Lebewesen (oder Umwelt) andeuten zu können, wenden wir die Schärfenverlagerung an. Gefilmt wird mit Tele-Objektiv oder großer Blendenöffnung, wobei der Abstand zwischen den beiden Aufnahmeobjekten nicht zu gering sein darf. Die Verlagerung der Bildschärfe erfolgt während der Aufnahme durch Drehen des Objektivrings für die Entfernungseinstellung.

Kameraschüsse aus der Vogelperspektive bringen Abwechslung ins Bildgeschehen und vermitteln dem Betrachter Überlegenheitsgefühle.

Aus der Froschperspektive angepeilt, erscheinen Menschen und Gegenstände wuchtig und überragend. Der Zuschauer fühlt sich bedroht.

Als Autozubehör zweckentfremdet, beschert uns die »entfesselte« Kamera atemberaubende Fahraufnahmen.

Auch beim Berufsfilm wird nur mit Wasser gekocht beziehungsweise mit Handkamera und netzunabhängiger Halogenleuchte gefilmt.

Im Dokumentarfilm fungieren Ehefrau oder Freundin als lebender »roter Faden« und bringen Schwung ins Bildgeschehen.

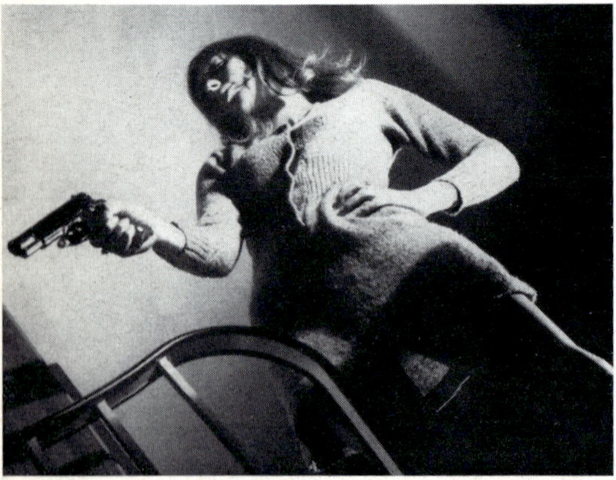

Krimis und ähnliches Spannungszelluloid beziehen ihre Wirkung aus ungewöhnlichen Ideen, Kamerablickrichtungen und Beleuchtungseffekten.

Der moderne Hobbyfilmer bemächtigt sich des aktuellsten aller Themen, indem er fröhlich auf dem Kamm der »Liebe-und-Sex-Welle« balanciert.
Foto: Nora-Film

Seit »Apollo 11« gewinnt der trickgespickte Sciencefiction-Film tagtäglich neue Fans und zukunftsfreudige Produzenten.

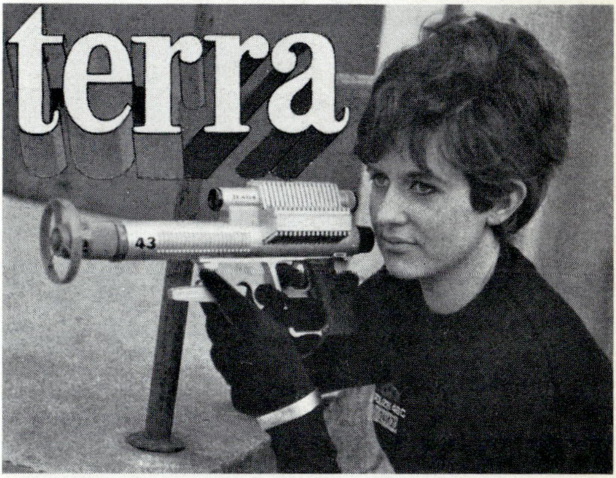

Freunde drehbuchgeborener Dramatik und ernsthafter Zeitkritik setzen sich im Antikriegsfilm mit menschlichen Problemen auseinander.

Themengerechte Verwandlung eines Gesichtes bei Einsatz zweier Fotolampen: Oberlicht und linkes Seitenlicht, Gegenlicht und rechtes Seitenlicht.

Bei unzureichenden Beleuchtungsverhältnissen dient eine im Haus angeschlossene Halogenlampe als willkommener Zusatzlichtspender für Außenaufnahmen.

Verblüffende Effekthascherei mit einer einzigen Gegenlichtquelle, die schräg zur Aufnahmerichtung installiert wurde.

Licht und Beleuchtung

Filmer betrachten das Licht keineswegs nur als selbstverständliche Voraussetzung für erfreuliche Aufnahmeergebnisse. Durch Manipulation natürlicher und künstlicher Beleuchtung rufen sie Stimmungen hervor, vermitteln Atmosphäre, betonen oder verfremden die Aufnahmeobjekte, charakterisieren ein Milieu oder steigern die Spannung. Dies natürlich immer abhängig von Filmthema, Bildinhalt und Bewegungsaktionen.

Sogar Tageslicht läßt sich, wenn auch in begrenztem Umfang, den Wünschen des Kameramannes anpassen. Man filmt bei strahlendem Sonnenschein (satte Farben und heftige Kontraste durch Lichter und Schatten) oder bei bedecktem Himmel (Pastellfarben und annähernd schattenfreie Ausleuchtung). Man kalkuliert das Wetter ein (Regen, Nebel, Schneegestöber, Sturm, Gewitter) oder verändert die Beleuchtung durch Variation von Kamerablickwinkel und Aufnahmeperspektive. Color-Freunde beziehen die unterschiedlichen Farbtemperaturen des Tageslichtes (gelblich-rötliche Lichtfärbung am Morgen und Abend, bläuliche in den Mittagsstunden) in die Bildgestaltung ein. Alle Außenaufnahmen entstehen mit »Available Light« (vorhandenes Licht), ausgenommen solche Nacht-Einstellungen, die ohne Zusatzbeleuchtung nicht realisierbar sind. Übrigens gelingen die reizvollsten Nachtaufnahmen in jener kurzen Zeitspanne, da die Straßenbeleuchtung bereits eingeschaltet ist, der Himmel aber noch ein wenig Färbung aufweist.

Bei Innenaufnahmen kann und soll das Licht der Scheinwerfer voll und ganz auf Filmthema und Bildinhalt abgestimmt werden. Wer konsequent mit Licht gestalten möchte, verwendet mehrere Lichtspender, die er harmonisch aufeinander abstimmt. Halogenlampen eignen sich am besten für die indirekte Gesamtausleuchtung der Szenerie (weiches Reflexlicht des gegen die weiße Zimmerdecke gerichteten Strahlers); Fotolampen werden für die direkte Beleuchtung (hartes Nahlicht) eingesetzt. Einzelne Lichtquellen dienen lediglich Effektzwecken (Spannungssteigerung, Nachtszenen). Schieflicht (45° Beleuchtungswinkel) wirkt sanfter und ausgeglichener als Extremlicht in einem Beleuchtungswinkel von 90° zur Aufnahmerichtung.

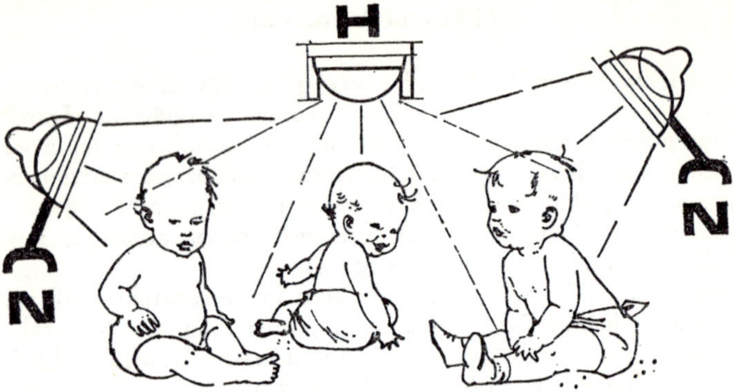

Eine zufriedenstellende Ausleuchtung der Szenerie erzielt man bei Kombinationen mehrerer Lichtquellen. Indirektes Hauptlicht spendet eine Halogenleuchte, deren Reflektor gegen die Zimmerdecke gerichtet wird. Für die direkte Nahbeleuchtung werden eine oder zwei Fotolampen eingesetzt.

Die Beleuchtungsrichtung ist bei Tages- und Kunstlichtaufnahmen gleichermaßen für die Bildstimmung maßgebend. Vorder- oder Auflicht läßt die Motive flach erscheinen, erzeugt störende Hintergrundschatten und blendet unsere Akteure (Anwendung nur bei Motiven, die schnelle Reaktionen des Kameramannes erfordern). Seitenlicht ruft deutliche Kontraste zwischen hellen Licht- und dunklen Schattenpartien hervor, modelliert Gesichter und vertieft die plastische Bildwirkung. Oberlicht imitiert die Beleuchtung durch eine Deckenlampe und zaubert Spitzlichter aufs Objekt. Unterlicht täuscht Rampenlicht oder den Lichtschein eines Kaminfeuers vor und verleiht Gesichtern oder Gestalten durch verzerrende Schatten etwas Dämonisches. Besonders eindrucksvolle Aufnahmen gelingen im Gegenlicht (Objekt zwischen Lichtquelle und Kamera). Es versieht Menschen und Gegenstände mit einem strahlenden Lichtsaum, läßt Vordergrundobjekte als scharf umrissene Silhouetten erscheinen, streut gleißende Lichtreflexe auf Wasserflächen oder glänzende Gegenstände und schenkt halbtransparenten Motiven (Blüte, Staub- und Rauchfahne, Negligé, Sonnenschirm) eigene Leuchtkraft.

Das gebündelte Richtlicht eines Spot-Scheinwerfers oder lichtstarken Diaprojektors ermöglicht die Realisation nahezu magischer Beleuchtungseffekte: konturenreine Schlagschatten, deutlich sichtbare Spitzlichter, Schattenrisse, Imitationen beweglicher Lichtquellen (durch Abdeckmasken hervorgerufene Lichtkegel von Handlampen, Laternen und Scheinwerfern), Hintergrundprojektion beliebiger Lichtmuster bei Verwendung entsprechender Masken, Nachahmung realer Beleuchtungsffekte in Miniaturszenerien (Modell- und Puppentrickfilm), partielle Farblicht-Beleuchtung bei Einsatz transparenter Farbfolien.

Color und Schwarzweiß

Seit der Einführung des Super-8-Formates hat die Begeisterung für den Color-Film derart zugenommen, daß heute fast ausschließlich farbig gefilmt wird. Unzählige erfreuliche Hobbyfilme beweisen, daß nicht länger bestimmte Themen nur als Grautonmalerei realisiert werden können. Jede beliebige Idee läßt sich wirkungsvoll in lebendige Farbfilmbildfolgen übersetzen! Obwohl wir uns gänzlich auf die Anwendungsmöglichkeiten der Farbe konzentrieren, möchte ich nicht unerwähnt lassen, daß für alle Formate Schwarzweißfilme erhältlich sind. Sie gelangen vor allem dort zum Einsatz, wo man zur Abwechslung einmal mit Licht und Schatten gestalten, die grafische Wirkung schwarzweißer Bilder erproben oder eigene Rahmenszenen zu bestimmten Kauffilmen drehen möchte.

Farben im Film dienen nicht nur der realistischeren Wiedergabe farbiger Wirklichkeit und der Trennung abgebildeter Motivdetails zur deutlicheren Wahrnehmung. Sie dürfen als echte Ausdrucksmittel betrachtet und bewußt in die filmische Gesamtgestaltung einbezogen werden. Die folgenden Tips für Color-Fans sollen Ihnen zu noch eindrucksvolleren Farbfilmaufnahmen verhelfen.

1. Wir verwenden sogenannte Umkehrfilme, die nach der Belichtung zur Entwicklung an die Herstellerfirma eingesandt werden und als projektionsreife positive Streifen zurückkehren (Entwicklungs- und Rückportokosten sind im Kaufpreis enthalten). – 2. Tages- und Kunstlicht weisen unterschiedliche Farb-

temperaturen auf (erhöhter Blauanteil im Tages-, erhöhter Rotanteil im Kunstlicht). Super-8-Kassettenfilmer verwenden ausschließlich Kunstlichtfilm und können mit Hilfe des in die Kamera eingebauten, automatisch wirksamen Konversionsfilters auf dem gleichen Filmmaterial wahlweise Tages- oder Kunstlichteinstellungen schießen. Anhänger anderer Filmformate verwenden Vorsatz-Konversionsfilter oder den entsprechenden Umkehrfilmtyp. – 3. Als echte Gestaltungsmittel überzeugen Farben nur bei sparsamer Dosierung. Man verzichtet auf »Buntfilm«-Einstellungen mit einer Vielzahl farbiger Motivdetails. – 4. Allzu starke Kontraste zwischen hellen und dunklen oder zwischen »sich beißenden« Farben (Rot und Orange, Blau und Blaugrün) sind zu vermeiden, da sie das Betrachterauge beleidigen. – 5. Die wechselnde Färbung des Tageslichtes kann zu »Farbstichen« führen. Natürliche Farbwiedergabe gewährleisten Aufnahmen am späten Vor- und frühen Nachmittag. Sonnenauf- und -untergänge dienen lediglich als Stimmungsmaler. Bei Aufnahmen in der Mittagszeit, an der See, im Schnee und im Hochgebirge wird das Kameraauge mit einem »blaustichfeindlichen« UV-Sperrfilter versehen. – 6. Gleichzeitige Beleuchtung durch Tages- und Kunstlicht (Mischlicht) ist verpönt, da es partielle Farbverfälschungen hervorruft. – 7. Eine dominierende Farbfläche verhilft der Filmeinstellung zu besserer Wirkung als das verwirrende Durcheinander vieler kleiner Farbflecke. – 8. Da Motive mit großen, klar abgegrenzten Farbflächen besonders tief beeindrucken, nehmen wir jede Gelegenheit wahr, hautnah mit der Kamera an die Aufnahmeobjekte heranzurücken. – 9. Der berühmte »rote Fleck« belebt monochrome Motive und dient als Blickfang (Kleid, Schal, Auto, Verkehrsschild, Requisit). – 10. Das Hauptobjekt hebt sich am besten von einem völlig unscharfen oder durch eine neutrale Fläche gebildeten Hintergrund ab (Himmel, Wald, Mauer, Rasen, Sand, Asphalt, Wand). Da große Farbflächen (grüne Wiese, rote Ziegelmauer, blauer Sonnenschirm usw.) unangenehme Farbreflexionen hervorrufen können, drehen wir Personenaufnahmen möglichst nicht in deren unmittelbarer Nähe. – 11. In den meisten Filmeinstellungen sollten Primärfarben wie Rot, Gelb, Blau und Grün dominieren, während Sekundärfarben (Braun,

Orange, Violett) ergänzen. »Warme« Farben (Rot, Gelb, Orange) eignen sich besser für die Vordergrund-, »kalte« (Blau, Grün, Violett) besser für die Hintergrundgestaltung des Bildes. Durch die Gegenüberstellung von Farbe und Komplementärfarbe verleihen wir der Filmeinstellung Dynamik und fröhliche Farbigkeit (Rot und Grün, Blau und Gelb oder Orange, Gelbgrün und Violett). – 12. Die psychologische Wirkung der Farben verdient insofern besondere Beachtung, als sie den Zuschauer (motivbedingt) emotionell zu beeinflussen vermag. So deutet zum Beispiel Rot Liebe und Leidenschaft, aber auch Gefahr an. Gelb vermittelt Freude und Heiterkeit. Blau symbolisiert nüchterne Kühle und Gelassenheit, aber auch Hoffnungslosigkeit. Als »augenfreundlichste« und neutralisierende Naturfarbe strahlt Grün Ruhe und Beschaulichkeit, gelegentlich aber auch Sehnsucht oder gar Furcht aus. Violett wirkt würdevoll-kühl oder distanzierend und gilt als Symbolfarbe für Melancholie.

PLÄNESCHMIEDE GESUCHT

Auch wenn die Überschrift dieses Kapitels etwas Ähnliches befürchten läßt, möchte ich Sie keineswegs dazu verführen, Berufsfilm-Surrogate herzustellen oder in die Fußstapfen professioneller Unterhaltungsfabrikanten zu treten. Ich möchte Ihnen vielmehr die beiden interessantesten Aufnahmemethoden vorstellen: das spontane und das konzipierte Filmen. Wer sich beide Möglichkeiten nutzbar macht, gestaltet sein Hobby abwechslungsreich und kann ständig aufs neue mit kinematografischen Überraschungen aufwarten. Wenn Sie Filme drehen möchten, die den familiären Rahmen sprengen und auch fremde Menschen zu begeistern vermögen, dann schenken Sie den folgenden Zeilen ungeteilte Aufmerksamkeit . . .

Die Einfallsreichen

Um erfreuliche Filmresultate zu erzielen, bedarf es nicht unbedingt minuziöser Vorausplanung. Die Mehrzahl unserer Lichtspiele entsteht spontan. Durch den Verzicht auf Planung und die damit verbundene unmittelbare Konfrontation des Filmautors mit dem Unvorhersehbaren gewinnen diese Filme ein Höchstmaß an Wirklichkeitsnähe und Lebendigkeit. Selbstverständlich basieren solche Streifen auf einer variablen Idee (Familienfest, Stadt, Reiseziel, Flughafen, Kind und Hund, Zoo, Spaziergang, Frühling usw.) und ihre Realisierung erfordert konsequente Anwendung aller bildsprachlichen Mittel. Außerdem setzt die Aufnahme nach der spontanen Methode Reaktionsvermögen und Phantasie voraus.

In freier Improvisation filmend, drehen wir rein optisch verständliche Bildfolgen. Die endgültige Filmgestaltung erfolgt am Schneidetisch, wo belichtetes Rohmaterial durch Kürzungen und Umstellungen den letzten Schliff erhält.

Erinnerungsspeichernde Filme, Filmreportagen, Sammelfilme und die Mehrzahl aller Dokumentarberichte können nur spontan aufgenommen werden. Phantasie- und absolute Filme entstehen – themenbedingt – spontan oder nach einer schriftlich fixierten Konzeption. Spiel- und Trickfilme bedürfen fast immer exakter Vorausplanung.

Ideen am Schreibtisch

Da wir uns zur Realisierung herzerfrischender Kurzfilme entschlossen haben, verliert der Begriff »Drehbuch« seine Schrekken, denn unser Filmkonzept besteht nur aus wenigen Seiten. Bei der Ausarbeitung des Drehbuches konstruieren wir eine (Spiel-)Handlung, mit der die Wirklichkeit nachgestaltet, eine bestimmte Auffassung vertreten und dem Film somit eine Aussage verliehen oder pure Phantasie in optischen Pseudorealismus umgewandelt wird. Obwohl in den meisten Fällen darstellende Personen den Mittelpunkt des Geschehens bilden, kann ein solcher Film auch mit rein tricktechnischen Mitteln (Zeichnungen, Silhouetten, Miniaturmodelle, Puppen) verwirklicht werden oder die Schilderung eines bestimmten Vorganges übernehmen (Hausbau, Jahreszeiten, Herstellungsprozeß).

Im Gegensatz zum Drehbuch des Berufsfilmers, der seine Einstellungen bis ins Detail am Schreibtisch konzipiert, gewährt das Manuskript des Hobbyfilmers zahlreiche Improvisationsmöglichkeiten hinsichtlich der Kameraposition, der Bewegungs-

aktionen, der Szenerien und der Einstellungslängen, die ohnehin nicht im voraus festgelegt werden können. In Tonfilmen müssen lediglich die Dialoge stimmen, damit eine lippensynchrone Vertonung möglich ist. Sobald bei den Dreharbeiten Technik, Bildinhalt oder Dialoge abgewandelt werden, korrigieren wir die Regieanweisungen unmittelbar nach der Aufnahme (das Drehbuch ist Grundlage der Montage!).
Unser Minidrehbuch besteht aus einem Schnellhefter mit einseitig beschrifteten DIN-A4-Blättern. Jedes Blatt ist in vier senkrechte Spalten für folgende Eintragungen unterteilt: 1. Einstellungsnummer, 2. Einstellungsinhalt (Darsteller, Bewegungsvorgänge, Schauplatz, erforderliche Requisiten), 3. Hinweise auf Technik und Gestaltung (Kameraposition, Objektiv, Beleuchtung, Aufnahmetricks), 4. Akustik (Mono- und Dialoge, Kommentar, Geräusche, musikalische Untermalung).

Der Film und seine Teile

Wer seine Filme öffentlichkeitsreif gestalten möchte, gliedert das optische Geschehen nach filmischen Gesichtspunkten. Spontan und nach Drehbuch entstandene Lichtspiele setzen sich aus fünf unmerklich ineinander übergehenden Teilen zusammen: Einleitung (Startsituation, Charakterisierung der handelnden Personen, Schauplatz- und Milieuschilderung), ansteigende Handlung (Entwicklung des Geschehens und Spannungssteigerung), Handlungshöhepunkt (Ziel der Bilderzählung und zentrale Aussage, Überraschungseffekt), rasch absteigende Handlung (Erklärungen für das Geschehen im Handlungshöhepunkt), Ausklang (knapp gehaltene Bildfolge, die eine Pointe präsentiert, schockt oder zum Nachdenken anregt).

Konkretisieren!

Filmemacher, die sich dem Kurzfilm verschrieben haben, entsagen der optischen Darstellung in epischer Breite. Sie vermeiden nichtssagendes Szenendurcheinander und unvollständige Berichterstattung, indem sie sich auf ein begrenztes Teilgebiet konzentrieren. Sobald ein Thema konkretisiert wird, läßt sich das Geschehen komplex und in optischer Dichte schildern. Der

Zuschauer wird vor ermüdender Darstellung bewahrt, unmittelbar angesprochen und erfreulicherweise zum Mitdenken angeregt.
Konkretisieren bedeutet, daß wir statt eines überlangen Streifens über München mit »Bummel über den Stachus« oder »Stadt im Olympia-Fieber« thematisch präzisieren. »Blütenzauber« wird durch »Tulpenzeit« oder »Steingarten«, »Fahrt nach X-hausen« durch »Markttag« oder »Historisches X-hausen« ersetzt. Auf Reisen und in den Ferien vermittelt man keinen langatmigen Gesamtüberblick, sondern wählt von vornherein Teilthemen aus oder gestaltet das gesammelte Rohmaterial bei der Montage zu mehreren Kurzfilmen entsprechenden Inhalts um (»Düsenclipper«, »Auf Schiene und Straße«, »Souvenirs«, »Das schwimmende Hotel«, »Kinder am Strand«, »Einkaufsbummel«, »Abend am Meer«, »Mit dem Lift zum X-Kogel« usw.). Nachdem wir umfangreiche bildgestalterische und aufnahmetechnische Erfahrungen gesammelt haben, sind die schwierigsten Hindernisse überwunden. Lassen Sie mich ein wenig Starthilfe leisten, indem ich Ihnen einen kurzen Überblick über die Anwendungsbereiche (Kategorien) des Hobbyfilms vermittle.

Familie und Freunde

Wer die Aufnahme von Familienfilmen als Pflichtübung betrachtet, versäumt manch gute Gelegenheit, Freude zu empfinden und zu schenken. Familienfilme sind wertvolle persönliche Dokumente, die bei sorgfältiger und liebevoller Gestaltung nicht nur unsere Angehörigen, sondern auch Fremde zu fesseln vermögen. Dazu bedarf es allerdings der gezielten Anwendung bildsprachlicher Kniffe, der Auswahl konkreter Themen und der Beschränkung auf vergnügliche Kurzfilme.
Ein paar Themenbeispiele mögen davon überzeugen: Kindergeburtstag, Einkaufsbummel, Gartenparty mit Freunden, Heimwerker in Aktion, Kegelabend, Silvester, Vorbereitungen für das Weihnachtsfest, Wochenende im Freibad, Kinder und Haustiere, Arbeitsplatz, Hausbau, Schneeballschlacht, Picknick während einer Autotour, Gartenarbeit, Besuch bei Freunden oder Verwandten, Autopflege mit Hindernissen usw.

Filmer unterwegs

Ferien- und Reisefilme gehören zu den beliebtesten kinematografischen Erzeugnissen. Sie unterscheiden sich insofern, als Ferienfilme ein in sich abgeschlossenes Ganzes bilden, während Reisefilme immer aus mehreren Episoden bestehen, die durch Aufnahmen der Mitreisenden und der Reisemittel (Auto, Eisenbahn, Schiff, Flugzeug) verbunden werden.

Ein solcher Streifen kann wahlweise als Reportage, Dokumentarbericht oder Familienfilm realisiert werden. Stehen Familie und Freunde im Mittelpunkt des Geschehens, sollte möglichst oft die umgebende Landschaft mit ihren charakteristischen Merkmalen in die Bilderzählung einbezogen werden. Wiederholungen ähnlicher Vorgänge (Strandleben, Badefreuden, Bergtouren, Spaziergänge) sind im Interesse kurzweiliger Filmgestaltung zu vermeiden. Im Reisefilm sorgen Aufnahmen mehrerer verschiedener Reisestationen für willkommene Abwechslung.

Lebende Dokumente

Der Dokumentarfilm, auch Berichts- oder »Kulturfilm« genannt, bietet passionierten Flimmerfreunden eine unübersehbare Fülle attraktiver Möglichkeiten. Als wesentliche Merkmale dieser Filmgattung gelten: objektive und anschauliche Berichterstattung, sorgfältige Bildgestaltung, Konzentration auf Typisches und Wesentliches, Verzicht auf »gestellte« Szenen.

Als Themengruppen bieten sich beispielsweise Alltag und Arbeitswelt, Land und Leute, Fauna oder Flora, Stadt, Industrie, Architektur, Kunst, Sport und Verkehrswesen an. Der Dokumentarbericht behandelt ein konkretes Teilgebiet in objektiver Sicht. Im Lehrfilm bevorzugt man eine sachlich-nüchterne, instruktive Behandlung des Themas. Im Film-Feuilleton gewinnt authentisches Geschehen durch subjektive Auslegung den Charakter einer kritischen Betrachtung oder Glosse.

Die rasenden Reporter

Die Filmreportage beinhaltet ausschließlich aktuelle Ereignisse (z. B. Prominentenbesuch, Einweihung, Sportveranstaltung, Tag der offenen Tür, Beat-Konzert), deren Verlauf in chronologischer Reihenfolge aufgezeichnet wird. Im Hinblick auf die Unmittelbarkeit des Ereignisses ist die Bildgestaltung von sekundärer Bedeutung. Objektive Berichterstattung setzt voraus, daß sich der Filmautor jeder persönlichen Stellungnahme enthält.

Konstruierte Wirklichkeit

Zu den interessantesten kinematografischen Sparten zählt zweifellos der (Kurz-) Spielfilm. Die private Traumfabrik, deren Kategorien ich im nächsten Kapitel vorstellen möchte, gibt uns Gelegenheit, die Wirklichkeit durch Anwendung sämtlicher gestalterischen Kniffe »nachzuempfinden« oder zu verwandeln. Die Aversion gegen jegliche Nachahmung konventionellen Berufsfilmschaffens veranlaßt uns zur Entdeckung immer neuer und hobbygerechter Ausdrucksformen.

Mit Tricks und Kniffen

Die Herstellung erfreulicher Trickfilme setzt nicht unbedingt künstlerisches Talent und die Anschaffung teurer Apparaturen voraus. Die Beschäftigung mit diesem Genre erfordert allerdings Geschicklichkeit, Phantasie und Geduld seitens des Filmemachers. Im übernächsten Kapitel erfahren Sie mehr über diverse Tricktechniken und deren überraschende Anwendungsmöglichkeiten.

Film und Phantasie

Der Phantasiefilm legt dem Flimmerkünstler keinerlei Beschränkungen auf. Die Skala der Gestaltungsmöglichkeiten reicht von wirklichkeitsnaher und halbwegs verständlicher bis zu abstrahierender und nur noch emotionell ansprechender Darstellung. Traditioneller gestalterischer und thematischer Fesseln ledig, setzt der Filmer sämtliche Mittel des Real- und Trickfilms zur freien Interpretation einer Idee ein. Er widmet sich erheiternder Op- und Pop-art, dreht Filme im Comics-Stil oder inszeniert ein optisches Happening. Er stellt mit psychoanalythischen Methoden Gefühls- und Traumwelten dar, entwirft das surrealistische Zerrbild einer Situation, übt mit optischen Symbolen Zeitkritik, bedient sich des Films zur Durchführung von Protestaktionen und macht psychedelische Farbenräusche auf der Leinwand sichtbar.

Das Sammelsurium

Die auf einer Archivspule zusammengefaßten Montageabfälle, doppelt gedrehten Einstellungen, Werkaufnahmen und bisher nicht verwendbaren Szenen lassen sich durch sinnvolle »Resteverwertung« am Schneidetisch zu amüsanten Kurzfilm-Knüllern verarbeiten. Eine nachgedrehte Rahmenhandlung (Einleitungs-, Verbindungs- und Ausklangszenen einer Cutterin, eines Globetrotters oder einer fröhlichen Gästeschar) gestaltet den Sammelsuriumfilm noch attraktiver. Drei Montagefilmformen eröffnen ungeahnte Möglichkeiten. Im Restefilm finden Montageabfälle aller Art Verwendung (Nachlese, Kinomagazin). Der Sammelfilm besteht aus gezielt gesammelten Bildfolgen zu einem mehr oder weniger konkreten Thema (Jahresschau, Chronik, Querschnitt). Der Kompilationsfilm behandelt ebenfalls ein konkretes Thema, setzt sich aber lediglich aus fertig bezogenen Kauffilmausschnitten (z. B. auf Super-8 umkopierte Farbfilme der NASA-Weltraumprojekte in neuer Montage) und einer selbsthergestellten Rahmenhandlung zusammen.

*

TEAMWORK UND REGIE

Sobald wir uns komplizierteren Filmthemen zuwenden oder unsere Vorliebe für die Hobby-Traumfabrik entdecken, bedürfen die mannigfachen Arbeitsbereiche sorgfältiger Koordination. Obwohl der Hobbyfilmer in den meisten Fällen nach dem Film-Maker-Prinzip verfährt und durch Kombination der Aufgaben von Drehbuchautor, Regisseur und Kameramann Filme aus einem Guß herstellt, profitiert er von folgenden Regie-Tips:

Geteilte Freude . . .

. . . ist doppelte Freude, heißt es in einem alten Sprichwort. Diese Weisheit bezieht sich in besonderem Maße auf den Bereich des Filmens, in dem sich die Freude an einer einmaligen Liebhaberei durch Zusammenarbeit mit Gleichgesinnten vervielfachen läßt. Wer sich nicht gleich einem der offiziellen Clubs (BDFA, KdKÖ, BSFA) anschließen möchte, gründet eine eigene Film-Crew, die sich aus interessierten Freunden und Bekannten zusammensetzt. Erfahrungsgemäß bietet selbst ein lockerer Zusammenschluß begeisterter Film-Fans viele Vorteile. Regelmäßiges Teamwork und gemeinsam bestandene kinematografische Abenteuer steigern die Filmaktivität jedes einzelnen, regen die Ideenproduktion an, ermöglichen die Verfilmung komplizierter Themen und verhelfen zu einer beträchtlichen Erweiterung des Darsteller-Ensembles, des Fundus und des Geräteparks.

Augenzwinkern

Auch pure Unterhaltung sollte mehr sein als eine Anhäufung abgedroschener Späßchen und dürftig-biederer Albernheiten. Da in thematischer Hinsicht kaum Parallelen zum Berufsfilm gezogen werden können, drängen sich die Möglichkeiten geistreichen Augenzwinkerns für die Realisierung von Hobbyfilmen förmlich auf. Wer sich kabarettistischer Gestaltungselemente bedient, hat am ehesten Aussicht auf Erfolg.
Die Parodie stellt ein scherzhaft überspitztes Spiegelbild der Wirklichkeit oder . . . des Berufsfilmoriginals dar. In der Persiflage wird die komische Wirkung durch sanfte Verspottung gesteigert. Die Liebhaber der Satire interpretieren Realität und Berufsfilmklischees mit bissigem Witz und sympathischer Bosheit. Die Groteske bezieht ihre zwerchfellreizende Wirkung aus übertriebener Wirklichkeitsverzerrung, bizarren Geschehnissen und schwarzem Humor.

Themen en gros

Darf ich Ihnen einige der wichtigsten Spielfilm-Kategorien vorstellen . . .? – Die Wirkung der beschwingten »Filmödie«

(Komödie oder Lustspielfilm) basiert auf verwickelten Handlungsabläufen und personellen Verwechslungen (Liebesgeschichte, Abenteuer eines Pechvogels). Mit Fingerspitzengefühl und Sinn für Humor inszeniert, reißt das Filmchen auch Phlegmatiker mit. – In der typischen »Kinoparodie« nehmen wir uns selbst nicht allzu ernst und verulken mit Vorliebe eigenes Filmschaffen mit erheiternden Blicken hinter die Kulissen (»Film vom Film«). Nicht weniger ergiebig ist der »Antiwerbefilm«, in dem unter Anwendung tricktechnischer Mittel und durch haarsträubende Übertreibungen die Albernheiten aus den Film- und Fernseh-Werbe-Spots satirisch verarbeitet werden.
Modern eingestellte Filmer widmen sich gelegentlich dem »Opterotikon«, indem sie die Liebes-, Sex- und Aufklärungswelle des Berufsfilms persiflieren. – Als Urahn jeglichen Spannungszelluloids fordert der »Krimi« in seinen verschiedenen Spielarten (Detektiv-, Gangster- und Spionagefilm, Psycho-Krimi und Thriller) förmlich dazu heraus, professionelle Spannungsklischees und Situationen zu parodieren. – Das »Grusical« (Horror-Film) gilt als Leckerbissen für Filmsatiriker, die den Nervenkitzel mit Hilfe sattsam bekannter Zutaten ad absurdum führen (Burgruinen, Nachtaufnahmen, optische Schocks, geraubte Jungfrauen und Schreckgespenster à la Frankenstein). – »Satiro-Western« (nicht unbedingt im Django-Stil) ermöglichen gewitzten Filmern, mit pseudohistorischen Aktionen und Utensilien persiflierend Zeitkritik zu üben. – Als »Space Opera« satirische Absichten verratend, erfreut sich der utopische oder Science-fiction-Film im Zeitalter der Mondflüge wachsender Beliebtheit. Trickgespickt und humorgewürzt, führt die Handlung in künftige Jahrzehnte und auf ferne Planeten. – Märchenfilme, die zur Freude fünf- bis fünfzigjähriger Kinder gedreht werden, überzeugen am ehesten in Trickfilm-Form. Zeitkritische Themen lassen sich in »märchenhafter« Verpackung besonders gut auf Zelluloid übertragen. – Das »Minidram« (Problemfilm) gestattet als einzige Spielfilmkategorie ernsthafte Behandlung, sollte aber nur von erfahrenen Filmern realisiert werden. Im Mittelpunkt des Geschehens stehen Menschen und ihre Schicksale oder Konflikte. Dramatisches läßt sich in Form eines »Antikriegsfilms« besonders eindrucksvoll gestalten.

Regisseure und Akteure

Spielfilme setzen im allgemeinen die Mitwirkung darstellender Freunde(-innen) voraus. Bei der Auswahl geeigneter Mimen achten wir weniger auf blendendes Aussehen, als auf Talent und Begeisterung für die Schauspielerei. Weniger sprachgewandte Darsteller werden bei der Nachsynchronisation durch Fremdsprecher ersetzt. In seiner Funktion als Spielleiter führt der Regisseur die »Stars« mit leichter Hand und gewährt ihnen genügend Spielraum für ihre eigene Auffassung von der Rolle. Durch Laientheater »vorbelastete« Akteure werden zunächst vom Bühnenpathos geheilt, das im Film lächerlich wirken würde. Das gleiche gilt für Gestik und Mimik, die auf ein Minimum zu reduzieren sind.

Während unsere Mitarbeiter im Spielfilm an ihre Rolle gebunden sind und somit gezielt agieren, wirken sie in spontan entstandenen Lichtspielen nicht selten verkrampft und gehemmt. Hilflose Verlegenheitsgesten und unnatürliche Posen lassen sich jedoch durch bewährte Regiekniffe beseitigen. Die filmtechnisch bedingte Neugier der Akteure klingt rasch ab, wenn wir uns mit dem Aufnahmebeginn Zeit lassen. Peinlich wirkende Blicke ins Objektiv können verhindert werden, wenn man die Mitwirkenden veranlaßt, ablenkende Gegenstände außerhalb des Bildfeldes anzuvisieren. Unsere Darsteller bewegen sich ungezwungen, sobald wir sie in irgendeiner Form beschäftigen. Dies allerdings weniger mit Essen, Trinken und Rauchen, als mit einer gewohnten Tätigkeit, mit Liebhabereien, Spielen oder Sport.

Filmers Fundus

Kein fortschrittlicher Filmer schätzt den Geruch von Pappe und Kleister. Er bevorzugt vorhandene Kulissen, natürliche Dekorationen, realistische Requisiten und alltägliche Kostüme. Trotzdem erfordern gewisse Filmthemen, wie zum Beispiel Krimi, Filmutopie, Western, Märchen- oder Trickfilm, nach wie vor wirkungssteigernde Ausstattungsmittel.

Die meisten Gegenstände entstehen in der privaten Bastelwerkstatt. Aus preiswerten Textilresten, Kreppapier, farbigem Plakatkarton, Plastiktuch, silberfarbener Wellpappe, Klebefolien,

Zeitschriftenausschnitten und Kunststoff-Verpackungsmaterial konstruiert der Requisiteur Kulissen, Dekorationsteile, Kostüme und Requisiten. Aufwendigere Roben werden gegen geringe Gebühren vom Kostümverleih bezogen. Transfer-Lettern (Letraset, Transotype) aus dem Schreibwarenladen lassen sich für jegliche Art von Beschriftung verwenden (Schilder, Packungen, Geräte). Der Versandhandel für Faschingsbedarf liefert Kostüme, Hüte, Schuhwerk, Trickwaffen und Dekorationsmaterial. In Spielwarenfachgeschäften hält man Kostümteile, vorbildgetreue Trickwaffen und Requisiten für den Trickfilmer bereit (Miniaturmodelle, Plastikbausätze, Trickpuppen, Landschaftsgestaltungsmaterial).

Make-up-Artisten

Hobbyfilmer sollten weitgehend auf Gesichtsmassage seitens der Maskenbildnerin verzichten, zumal Schmalfilmmaterial auf die natürliche Wiedergabe aller, auch der Hautfarben abgestimmt ist. Unsere schauspielernden Damen besitzen ohnehin ausreichende Kenntnisse bezüglich der Anpassung des Make-up an ihren Typ, ihre Frisur und ihre Kleidung.
Der Hobbyschminkmeister ignoriert preiswerte Faschingsartikel und betreibt Gesichtsumgestaltung nur mit erstklassigen kosmetischen Mitteln erfahrener Berufsfilmlieferanten (Schminken, Puder, Gesichtsplastikum, Bartkrepp, Mastix, Abschminke usw.). Er begnügt sich im allgemeinen mit maskenbildnerischer Betonung natürlicher Gegebenheiten oder kleinen Gesichtskorrekturen und ruft verblüffende Effekte durch veränderte Frisuren oder ungewöhnliche Brillenmodelle hervor. Totale Verwandlung von Darstellergesichtern ist nur in Ausnahmefällen angebracht (Gruselgestalt, Märchenfigur, Marsbewohner). Wer die Maskenbildnerei als Zweithobby ausüben möchte, bedient sich einschlägiger Fachliteratur (z. B. »Leichners kleine Schminkschule«).

»GEWÜRZE« FÜR DAS »FILM-MENÜ«

Sämtliche Techniken und Methoden der Filmgestaltung zu behandeln würde den Rahmen unserer Unterhaltung über filmische Möglichkeiten sprengen. Um dennoch den Geheimnissen optischer Magie auf die Spur zu kommen, werden wir uns in diesem Kapitel ein wenig mit den interessantesten und wirkungsvollsten Spezialeffekten aus der Hexenküche der Filmemacher beschäftigen.
Wir unterscheiden vier Filmtrick-Gruppen. »Heimliche« Tricks täuschen Wirklichkeit vor und gelten als vollwertiger Ersatz für Realeinstellungen, die nicht auf andere Weise ausgeführt werden können (mit Hilfe von Miniaturmodellen oder fotografischen Flachmodellen dargestellte ungewöhnliche Gebäude, exotische und Planetenlandschaften, Explosionen und andere Katastrophen, Weltraumflüge, Szenerien bei Nacht). Da die Trickeinstellungen vom Zuschauer als realer Bestandteil der Bildfolge akzeptiert werden müssen, lassen wir sie durch geschickte Montage ständig mit Realaufnahmen abwechseln. – »Offensichtliche« Tricks können ebenfalls sehr realistisch wirken, obwohl sie nicht unbedingt Wirklichkeit vortäuschen (Zaubertricks, Verwandlungsakte, utopisches Geschehen, Ereignisse in einer Märchen- oder Traumwelt, Bildsymbolik). Auch solche Spezialeffekte entfalten optimale Wirkung durch das Zusammenspiel mit Realeinstellungen. – Als dritte Möglichkeit bietet sich uns die Auflösung der Realität in Phantasie-, Underground- und absoluten Filmen durch verfremdete Motive (Aufnahmen mit einem Superweitwinkelobjektiv, Collagen, extreme Zeitdehnung und -raffung, Bewegungsphasentricks) und abstrakte Farben- oder Formenspiele (Überlagerungen, extreme Nahmotive, Farblicht). – Im Trickfilm wird unter Anwendung unterschiedlicher Aufnahmetechniken die Wirklichkeit entweder nachgestaltet (realistische Modell-, Puppen- oder Flachmodelltricks) oder aber vollends aufgehoben (Zeichen-, Scherenschnitt-, Collagentricks).
Die folgenden Tips mögen davon überzeugen, daß fast jeder Hobbyfilm durch gezielte Anwendung von Spezialeffekten eindrucksvoller gestaltet werden kann. Achtung: Die meisten Tricks gelingen nur bei Verwendung eines stabilen Stativs!

Mit einem Minimum an maskenbildnerischem Aufwand verwandelt man Jünglinge in siebenundachtzigjährige Film-»Oldtimer«.

Wer die Szenerien seines »Satiro-Western« stilecht ausstatten möchte, beschriftet Requisiten mit »historischen« Transfer-Buchstaben.

Geschickte Kameraleute und Schnittmeister täuschen durch steten Wechsel zwischen Real- und Modelltrickaufnahmen (Plastikbausätze im Maßstab 1:90) Wirklichkeit vor.

Biegsame Mattel-Astronautenpuppen fungieren als Ersatzdarsteller in utopischen Bereichen, denn sie führen im Einzelbildtrick jede gewünschte Bewegung aus.

Mit einem Triebwerk aus Tischfeuerwerkskörpern versehen, überzeugt das 30 cm lange Plastikraumschiff auch skeptische Zuschauer. Vor schwarzem Hintergrund wird das statische Modell durch Vertikalschwenks mit kopfstehender Kamera (Bild rechts) in Bewegung gesetzt.

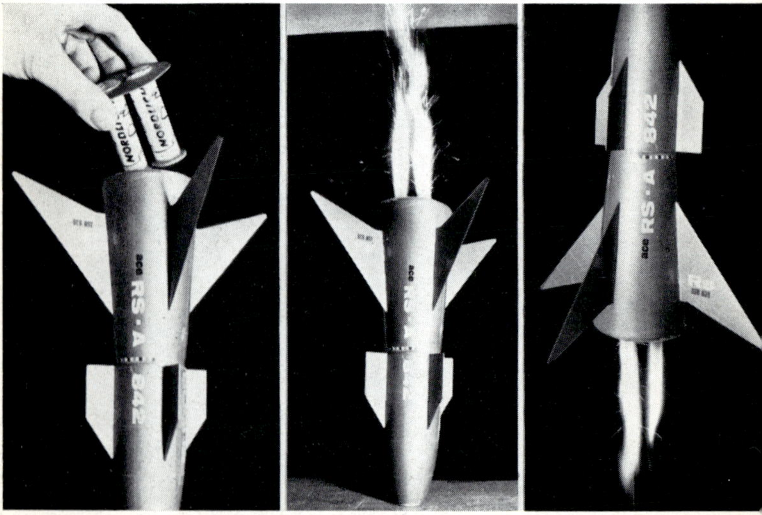

Bei Filmen im Comics-Stil lassen sich Sprech- und Geräusch»blasen« ins lebende Bild einblenden oder auf Fotovorlagen anbringen, die filmisch reproduziert werden.

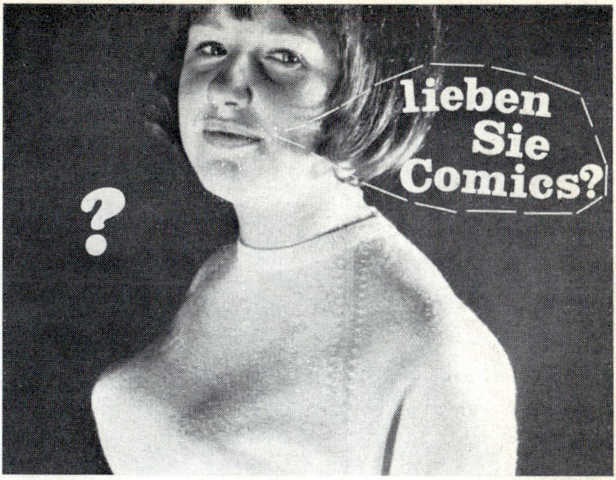

Wer Supertricks und Abstraktionen schätzt, startet einen Versuch mit Stopptricks und kaleidoskopartigen Montagen aus seitenrichtigen und seitenverkehrten Fototeilen.

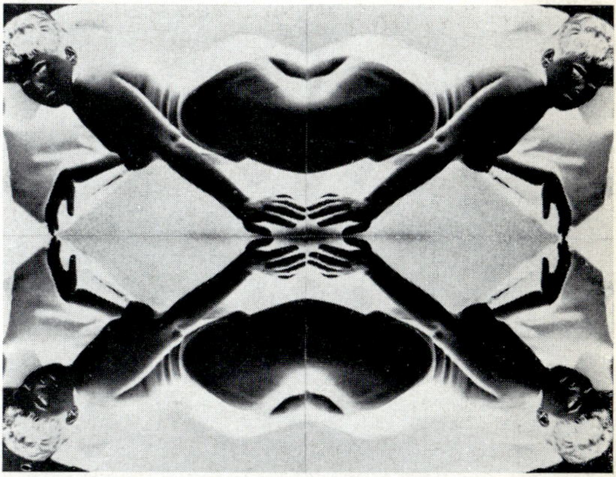

Im Bewegungsphasentrick agieren Flachmodelle (Fotoausschnitte) vor grafischen oder fotografischen Kulissen.

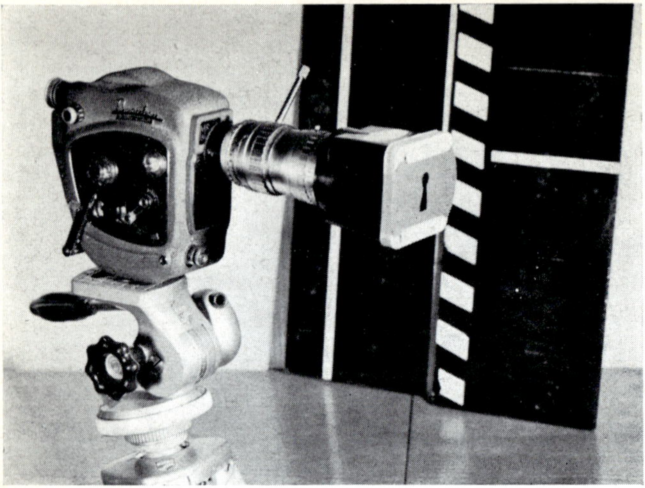

Handelsübliche Kleinkompendien werden aufs Objektiv gestülpt und verhelfen durch entsprechende Kartonmasken (z. B. Schlüsselloch-Ausschnitt) zu »geheimnisvollen« Trickeinstellungen.

Interpunktion

Bezogen auf die Grammatik einer Schriftsprache, fungieren Szenenübergänge als eine Art bildsprachliche Zeichensetzung. Abhängig von Film- und Bildinhalt, verbindet oder trennt der Szenenübergang zwei Bildfolgen. Er leitet von der einen zur anderen Szene über und deutet wahlweise unmittelbar folgendes Geschehen oder einen Ortswechsel an.

Szenenübergänge werden durch einander ähnelnde Nahmotive (z. B. Auto- und Karrenrad, Kerze und Laterne), durch Beendigung der ersten und Beginn der zweiten Einstellung mit einem raschen Schwenk (Riß) oder durch Einfügung einer handelsüblichen Zwischenschnittblende angedeutet. Weitaus interessanter erscheint die Anwendung tricktechnischer Mittel: Überblendung, kontinuierliche Auf- und Abblendung mit Hilfe der in die Kamera eingebauten verstellbaren Sektorenblende und vertikale oder horizontale Wischblende (Schieber in der Maskenführung), Verlaufblende (verlaufend mit Vaseline bestrichene Glasplatte) oder Rauchblende (durch einen Trinkhalm geblasener Zigarrenrauch) bei Verwendung von Balgen- und Kleinkompendium.

Foto und Film

Obgleich alles Filmische auf der Darstellung von Bewegungsvorgängen basiert, sind für Fotos auch im filmischen Bereich unzählige Verwendungsmöglichkeiten gegeben. Werden die Bilder unmittelbar für die Filmaufnahme verwendet, brauchen wir uns keineswegs mit eigenen Erzeugnissen zu begnügen. Wir dürfen unbesorgt Wandkalenderblätter, Illustriertenausschnitte, Ansichtskarten und dergleichen einsetzen. Begeisterte Filmer lassen sich keine Gelegenheit entgehen, mit Standfotos (nachgestellte Filmszenen) oder Werkfotos (Blicke hinter die Kulissen der Filmarbeit) Mitwirkende zu erfreuen, die Clubchronik zu schmücken und in der Lokalpresse für Publicity zu sorgen. Stand- und »Star«-Fotos, Transfer-Buchstaben und grafischer Zierat werden in Form von Fotomontagen zu Hobbyfilmplakaten umgestaltet. Mit der Filmkamera reproduziert, dienen Fotos als Titelvorlagen (Szene aus dem betreffenden Film), als Zwischenschnitte (filmisch nicht realisierbare Motive) und als Kulissen für realistische Modelltrick-Szenerien (Panoramamotive ohne Abbildung beweglicher Objekte). In Flachmodell-Einstellungen sind sie als Akteure und Kulissen verwendbar.

Filter-Kniffe

Da wir uns für die Zelluloidbelichtung in Color entschieden haben, möchte ich auf die Beschreibung von Filtern für Schwarzweißaufnahmen verzichten und nur solche Objektivmonokel vorstellen, die dem Farbfilmer zu neuen Gestaltungseffekten verhelfen. Fast alle Filter schlucken Licht. Sofern die Belichtungsmessung nicht durch das Aufnahmeobjektiv erfolgt, muß bei Ermittlung des Blendenwertes der auf der Filterfassung vermerkte Verlängerungsfaktor berücksichtigt werden.
UV-, Skylight- und Haze-Filter (ohne Verlängerungsfaktor) verhindern den gefürchteten Blaustich bei Aufnahmen in der Mittagszeit, an der See oder im Gebirge. Bei permanenter Verwendung schützen sie das Kameraauge vor Fingerabdrücken, Staub und Regentropfen. – In Super-8-Kameras ist das Konversionsfilter eingebaut und automatisch wirksam. Es ermöglicht Color-Tageslichtaufnahmen auf Kunstlicht-Farbfilm. – Graufilter dienen der Lichtdämpfung bei übermäßiger Lichtfülle im Schnee, an der See und im Hochgebirge. – Polarisationsfilter intensivieren die Farbwiedergabe und löschen bei entsprechender Filterposition störende Spiegelungen und Reflexe auf Glas, Wasser und glänzenden Gegenständen (ausgenommen Metall). – Da Farbfilter sämtliche Objektfarben heftig verfälschen, sind sie im allgemeinen für Color-Aufnahmen ungeeignet. Nur zwei Ausnahmen bestätigen die Regel. Mit Hilfe eines Blaufilters drehen wir bei strahlendem Sonnenschein falsche Nachtaufnahmen (Gegenlicht, Unterbelichtung um 1 bis 2 Blendenwerte; Verzicht auf Motive, die bei Nacht anders aussehen als am Tage). Durch beliebige, aber äußerst sparsam angewandte Farbfilterung erzeugen wir psychedelische Color-Effekte und optische Schocks (Phantasie-, Horror-, Science-fiction-Film).

Schneller und langsamer

Filmtransporttricks dürfen wie alle Spezialeffekte nur gelegentlich und dann motiviert ins Bildgeschehen eingefügt werden. Tricks dieser Art setzen eine Kamera mit mehreren Gängen voraus. Sobald eine von der Norm (16 oder 18 B/s) abweichende Bildfrequenz gewählt und die Einstellung wie üblich projiziert wird, erscheinen sämtliche Bewegungsvorgänge verändert.

Verringerte Aufnahmefrequenz (Zeitraffung mit beispielsweise 8 B/s) bewirkt eine Bewegungsbeschleunigung; erhöhte Bildfrequenzen verursachen eine erhebliche Bewegungsverlangsamung (Zeitdehnung oder Zeitlupe mit beispielsweise 64 B/s). Bei Zeitraffung muß die Aufnahmedauer verdoppelt, bei Zeitdehnung kann sie halbiert werden. Zeitraffung dient als Gag oder zur wirklichkeitsgetreuen Wiedergabe langsam ausgeführter gefährlicher Krimi-Aktionen (Prügelei, Zusammenstoß, Verfolgungsjagd). Zeitdehnung ermöglicht Bewegungsstudien (Sport, Tierwelt) und wird zur Darstellung übernatürlicher oder utopischer Vorgänge angewandt (Geister, schwebende Astronauten, Traumgeschehen).

Stopptrick

Um Menschen und Gegenstände ohne sichtbare äußere Einwirkung aus dem Bildfeld verschwinden oder darin erscheinen zu lassen, verankern wir die Kamera auf dem Dreibeinstativ. Wir beginnen zu filmen, unterbrechen die Aufnahme nach einigen Sekunden, verändern ein Detail der Szenerie und setzen die Aufnahme fort: Personen tauchen auf oder verschwinden in der Bewegung, Autos verwandeln sich in andere Fahrzeuge, Tische decken sich selbst, Einschußlöcher erscheinen auf Glasscheiben, Gegenstände lösen sich auf, Fototeile setzen sich wie durch Zauberei selbsttätig zusammen.

Von Bild zu Bild

Die Einzelbildschaltung (Einergang) der Kamera bietet zweifellos die meisten tricktechnischen Möglichkeiten. Indem wir – im Gegensatz zur üblichen Laufbildaufnahme – jedes Filmbildchen einzeln belichten, erzeugen wir künstliche Bewegungen. Bestimmte Details der Szenerie oder Vorlage (Gegenstand, Puppe, Miniaturfahrzeug, Fototeil, Titelbuchstabe) werden vor jeder Einzelbildauslösung geringfügig verändert oder weiterbewegt und durch die Aufnahme zum Leben erweckt. Das Gelingen solcher Einstellungen setzt die Verwendung von Stativ und Drahtauslöser voraus. Es ist unbedingt zu beachten, daß 16 oder 18 Bildchen nur eine einzige Sekunde Projektionslaufdauer ergeben. Fünf Sekunden erfordern demnach 80 beziehungsweise 90 Einzelbildbelichtungen.

Modelltricks erscheinen besonders attraktiv, da sie einerseits Wirklichkeitsillusionen hervorrufen und andererseits in Verbindung mit Puppentricks angewendet werden können. Sämtliche Requisiten für die Gestaltung von Miniaturmodell-Szenerien sind im Spielwarenfachhandel erhältlich: vorbildgetreue Plastikbausatzmodelle (Gebäude, Fahr- und Flugzeuge, Schiffe, Raketen und Raumfahrzeuge), Felsen (Baumrinde), Bäume und Büsche (isländisches Moos), Streumaterial und menschliche Figuren oder andere Minilebewesen in Form von Gelenk- und Biegepuppen (»Barbie«, Astronauten und Planetarier, karikierende Tiergestalten, »Strichmännchen«). Tips für die Aufnahme: Die Weitwinkeloptik verhilft zu einem ausgedehnten Schärfentiefenbereich und zu wirklichkeitsnahen Perspektiven; das Kameraauge imitiert den Blickwinkel der Minimenschen, indem es sich unmittelbar über der Bodenplatte des Table-top-Schauplatzes befindet; die Animation (Belebung) der Miniatur-Akteure erfolgt im Einzelbildtrick; schwebende Objekte hängen an hauchdünnen und für das Kameraobjektiv unsichtbaren Fäden aus einem Damenstrumpf.

Flachmodelltricks werden ausschließlich mit sorgfältig aufeinander abgestimmten Fotos und Fototeilen (realistische Wirkung) oder mit Zeichnungen, Fotos und Grafiken (Collagentrick) ausgeführt. Als Vorlage dient eine starke Kartonplatte mit zwei Führungsleisten, zwischen denen sich Streifen aus glasklarer Azetatfolie bewegen lassen. Auf die Folie geklebte Bildteile lassen sich im Einzelbildtrick vor Hintergrundfotos (auf der Kartonplatte) beleben. Im Bewegungsphasentrick ergibt sich Flachmodellgeschehen aus der Verwendung einer Fotoserie, auf der

eine bestimmte Person vor unveränderter Kulisse in unterschiedlichen Körperhaltungen abgebildet ist.
Mit Hilfe des Einzelbildtricks läßt sich außerdem eine extreme Zeitraffung vornehmen, sofern die Einzelbildchen in gleichbleibenden (!) Intervallen belichtet werden (Menschenmenge, Verkehrsgewühl, Sonnenuntergang, aufblühende Blume). Die »Pixillation« verhilft zu urkomischen Gags, da der Kameramann jeweils dann ein Einzelbildchen belichtet, wenn eine gehende Person den rechten Fuß aufsetzt. In der Projektion scheint sie mit haarsträubender Geschwindigkeit und unveränderter Beinstellung über den Boden zu gleiten.

Profi-Tricks

Obwohl die folgenden Tricks nur mit bestimmten Kameramodellen ausgeführt werden können, möchte ich es nicht versäumen, auf ihre phantastischen Möglichkeiten hinzuweisen. Die Realisation von Überlagerungen und Überblendungen bedingt zwei in die Kamera eingebaute Extras: Filmrückspulvorrichtung und verstellbare Sektorenblende.
Mit Überlagerungen (Doppel-, Zweifach-, Mehrfachbelichtungen) lassen sich Titeltricks (Bild und Schrift) ausführen, Sprech- und Geräuschblasen ins lebende Bild einblenden, Träume und Visionen darstellen, Phantasiewelten und transparente Fabelwesen sichtbar machen. In der Zweifachbelichtung erscheinen beide Motive vor dunklem oder schwarzem Hintergrund, ohne daß sich ihre Konturen überschneiden (Realeffekt). In der Doppelbelichtung (Geistereffekt) überlagert ein Motiv das andere, so daß beide ganz oder teilweise durchscheinend abgebildet werden (Unterbelichtung jeder Teilaufnahme um eine halbe bis ganze Blendenstufe gegenüber dem ermittelten Wert). Nach Aufnahme des Erstmotivs wird der Filmstreifen um die Gesamtlänge der Einstellung zurückgespult und mit dem Zweitmotiv erneut belichtet.
Wer Szenenübergänge besonders eindrucksvoll gestalten möchte, bedient sich der Überblendung. Er läßt zwei verschiedene Einstellungen allmählich ineinander übergehen und deutet somit, abhängig vom Bildinhalt, vergangene Zeit oder gleichzeitiges

Geschehen an. Man blendet Einstellung A mit Hilfe der verstellbaren Sektorenblende ab, spult den Film um die Länge der Abblendung zurück und blendet Einstellung B in gleichemTempo auf. Bei Anwendung der »Insichblende« bleibt die Szenerie unverändert, während für die Zweitaufnahme lediglich ein Detail hinzugefügt wird, das sich durch die Überblendung aus undeutlichen Schemen zu einem realen Gegenstand entwickelt.
Die Verwirklichung von Kompendiumtricks setzt den Einsatz eines Balgen- oder Kleinkompendiums mit Anpassung für das Kameraobjektiv, mit Balgen oder Tubus und Maskenhalterung voraus. Schwarze Abdeckmasken ermöglichen effektvolle Vignettierungen des Bildes durch »Schlüsselloch«- oder »Fernglas«-Ausschnitt. In Kombination mit der Zweifachbelichtung verhelfen wechselseitig verwendbare oder den Motivkonturen entsprechend ausgeschnittene Kaschs und Gegenkaschs (Masken und Gegenmasken) zu verblüffenden Doppelgängeraufnahmen und Bildkombinationen (zwei oder vier verschiedene Bilder beziehungsweise aufeinander abgestimmte reale und Miniaturmodell-Motivpartien).

Vom Filmtrick zum Trickfilm

Sobald der Filmemacher gänzlich auf Laufbild-Realeinstellungen verzichtet, überschreitet er die Grenzen der Phantasie. Die Realisation »purer« Trickfilme erfordert allerdings viel Geduld und gelegentlich auch ein wenig künstlerisches Talent. Begnügen wir uns an dieser Stelle mit einer kurzen Übersicht über die unterschiedlichen Trickfilmformen:
Zeichentrickfilm (Animation von Phasenzeichnungen im traditionellen oder modernen Stil), Scherenschnittfilm (Verwendung aus schwarzem Papier ausgeschnittener Flachfiguren statt der Zeichnungen), Flachmodellfilm (Animation von ausgeschnittenen Fototeilen vor Hintergrundfotos), Collagenfilm (mit den Mitteln des Zeichentrick- und/oder des Flachmodellfilms animierte Pop-art- und Comics-Zutaten), Puppentrickfilm (Animation von Biege- und Gelenkpuppen oder Marionetten), Modelltrickfilm (Nachbildung der Wirklichkeit durch Verwendung realistischer Miniaturmodelle).

VORSPANN À LA MODE

Versierte Filmer wissen, daß titellose Lichtspiele immer ein wenig dilettantisch wirken. Der Zuschauer ist prompt voreingenommen und wittert einen hausbackenen »Amateurfilm«. Häufige Besuche in der Titelwerkstatt veranlassen den fortschrittlichen Hobbyfilmer, seine Bilderzählungen durch Vor- und Nachspann wohltuend abzurunden. Als unentbehrlicher Bestandteil des Films wirkt die Titelei stimmungsfördernd und bereitet auf das Bildgeschehen vor.

Kein Lichtspiel ohne Titel!

Die filmgerechte Titelei setzt sich aus Vor- und Nachspann zusammen. Im Nachspann lassen wir unseren Streifen mit dem Wörtchen »Ende« oder durch allmähliche Abblendung ausklingen. Der Titelvorspann erfordert besondere Sorgfalt hinsichtlich der inhaltlichen und formalen Gestaltung. Er soll das Interesse des Zuschauers wecken und Vorfreude vermitteln.
Die einleitende Titelei besteht aus Autorenmarke (Name oder Emblem des Filmers, z. B. »Underground 70 zeigt:«), Haupttitel (z. B. »Beatle-Fieber«) und einigen wenigen Untertiteln, die über Darsteller oder Mitwirkende Auskunft geben (z. B. »mit Gustav Langhaar und Eveline Tanzbein, Kamera: Sepp Moviemaker«). Das »Warenzeichen« des Filmautors kann wahlweise als gleichbleibende Grafik ausgeführt oder dem Schriftcharakter der anderen Titel angepaßt werden.
Die Beachtung folgender Tips verbürgt zufriedenstellende Vorspann-Resultate: 1. Langweilende »Endlostexte« sind zu vermeiden. Je kürzer die Schriftzeilen, desto nachhaltiger bleiben sie im Gedächtnis des Zuschauers haften. – 2. Damit Filminhalt und Titelei in jeder Hinsicht harmonieren, stimmen wir das Gesamtbild des Titels (Vorlage und Schriftart) sorgfältig auf das Thema ab. Die Skala der Möglichkeiten reicht von sachlich-nüchternen Titeln für Reportagen und Dokumentationen (z. B. Fotovorlage mit einfachen Blockbuchstaben) über schwungvolle Schreibschrift mit grafischen Ornamenten auf inhaltsgerechten Zeichnungen (für Heiteres und Kinderfilme) bis

zu blutroter Pinselschrift in Überlagerung mit einer realen Nachtaufnahme für reißerische »Action-Film«-Satiren. – 3. Durch konkrete Formulierung läßt sich die Wirkung des Haupttitels erheblich steigern. »Einmal Rom und zurück« vermag mehr über den Filminhalt auszusagen als »Ferien in Italien«, »Besuch beim Christkind« wird dem Thema eher gerecht als »Vorweihnachtszeit«, »Strandgeflüster« erscheint attraktiver als »Ein Tag an der See«. Obgleich möglichst treffend formuliert werden sollte, darf man Haupttitel gelegentlich mit einem Schuß Ironie würzen (»Fallen für die Räuber« zum Film über Blüten und Insekten, »Roboter & Co.« zu einem Dokumentarbericht über Computer). – 4. Monochrome oder großflächige Motive kommen besser zur Geltung als »bunte« Vorlagen. Die Schriftzeilen heben sich am deutlichsten von einem komplementärfarbigen Hintergrund ab (Gelb auf Blau, Rot auf Grün). Helle Buchstaben auf dunklem Grund sind besser lesbar als dunkle auf heller Vorlage. – 5. Große Lettern und waagerechte Textzeilen gewährleisten eine übersichtliche Titelgestaltung. Nur einzelne Wörter dürfen hin und wieder schräg auf der Vorlage angebracht werden.

Hilfreiche Technik

Titel dürfen auf keinen Fall mit der Handkamera aufgenommen werden, da sie sonst unerfreuliche Schaukelbewegungen auf der Leinwand ausführen. Eigentümer von Spiegelreflexkameras verwenden das Stativ; Besitzer von Sucherkameras und Tricktitelfreunde bevorzugen ein Titelgerät.

Obwohl große Vorlagen am besten reproduziert werden können, empfiehlt es sich, ihre Maße den Dimensionen der verwendeten Buchstaben anzupassen. Bei Stativtiteln bewährt sich ein Vorlagenformat von etwa 30×40 cm. Die Titelei fällt besonders eindrucksvoll aus, wenn man den ersten Vorspanntitel auf- und den Nachspann abblendet (verstellbare Sektorenblende, Doppelpolfilter, Schiebe- oder Wischblende aus Karton). Sofern der Filminhalt Zaubereffekte zuläßt (Persiflagen, Satiren, heitere Reise- oder Familienfilme, Phantasie- und Trickfilme), würzen wir die Titelei mit überraschenden Tricks. Als

Sobald die mit Haftbuchstaben versehene kinetische Titelvorlage (Vari-Vue-Wechselbild) während der Aufnahme gekippt wird, beginnen die Ornamente zu rotieren.

Ausgeschnittene Zeitschriften- oder Katalog-Buchstaben auf einer Fotovorlage setzen der Angebeteten ein Titel-Denkmal und bereiten Zuschauer auf den Filminhalt vor.

Underground-, Experimental- und andere Jungfilmer bevorzugen negative Fotos (Direktvergrößerungen von Dias) als »Aufhänger« für ihre Lichtspiele.

Fotos der mitwirkenden Girls lassen sich mit Zentimetermaß und Schere zu eindrucksvollen Titellettern umgestalten.

Das »Kind im Manne« verwendet Miniaturfahrzeuge, Fotokulissen und Pop-Buchstaben als bewegliches Markenzeichen seiner Kino-Erzeugnisse.

Aus »Starfoto«, Zeitungsausschnitt (Hintergrund) und Transfer-Buchstaben entsteht ein Top-Plakatentwurf, der sich nach Reproduktion mit der Fotokamera beliebig vervielfältigen läßt.

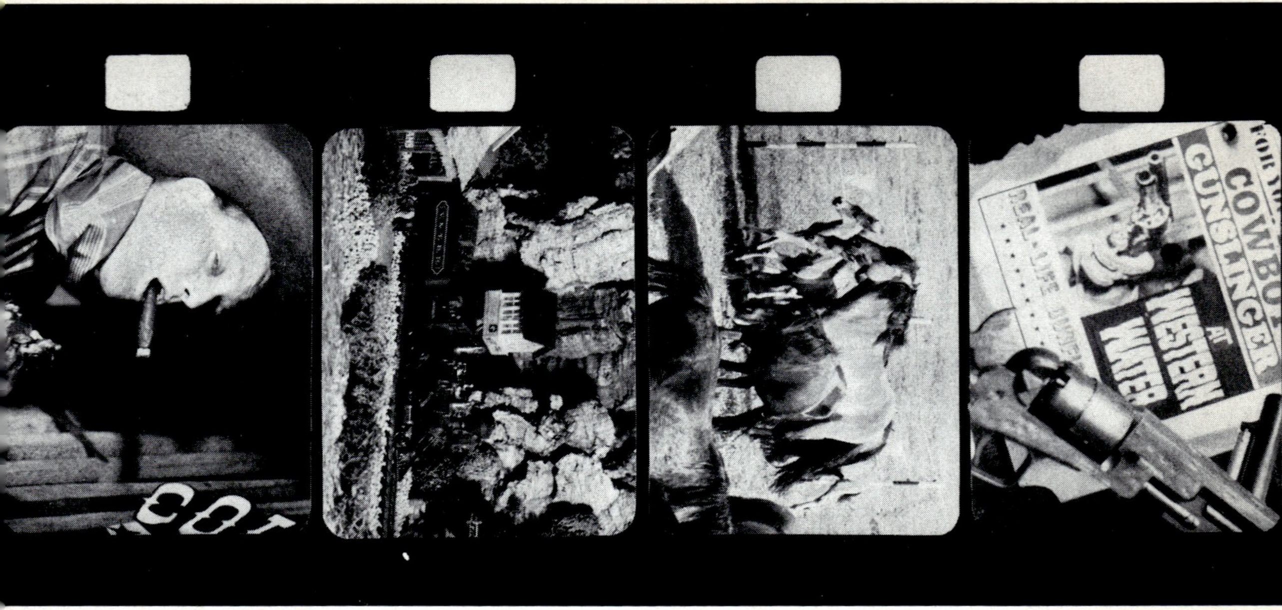

Unter der Schere des Montagemeisters entsteht aus unabhängig voneinander aufgenommenen Abfallszenen die Bildfolge einer Western-Persiflage: 1. Atelier-Nahaufnahme eigener Produktion, 2. Vierbeiner-Einstellung aus einem Ferienfilm, 3. Modelleisenbahn in Miniaturkulisse, 4. Mime im häuslichen Kohlenkeller.

wirkungssteigernd erweisen sich Überlagerungen (weiße oder helle Schrift auf mattschwarzem Karton mit lebendem Motiv oder Vorlage), Überblendungen (ineinander übergehende Titelzeilen), Travelling (schwebende oder anschwellende Schrift, auch in Überlagerung), Stopp- und Einzelbildtricks (sich selbsttätig zusammensetzende oder auflösende Texte), Zeichen-, Flachmodell- und Miniaturmodelltricks.

Live-Titel

Als Titel geeignete vorhandene Motive lassen sich erfolgversprechend ins Bildgeschehen einschmuggeln, da sie hundertprozentig mit den übrigen Einstellungen harmonieren. Gegebene Motive eignen sich zwar nur in Ausnahmefällen als Haupttitel, vermögen jedoch unschöne und störende Zwischentitel hervorragend zu ersetzen.
Live- oder Naturtitel fungieren als prächtige Szenenübergänge, indem sie einen Ortswechsel oder eine neue Filmepisode ankündigen. Bewährte Motive sind Ortsschilder und Wegweiser, Normaluhren, Hinweistafeln und Autokennzeichen, Flaggen, Werbeplakate und Souvenirs. Bestimmte Requisiten (z. B. Briefkästen, Koffer, Autotüren) können mit Hilfe von Haftbuchstaben zu Naturtitelvorlagen umgestaltet werden.

Papier und anderes

Bei der Herstellung von Werkstattiteln kann man unzählige Materialien für die Vorlagengestaltung verwerten. Als geeignet erweisen sich nicht nur handelsübliche Magnet- oder Rillentafeln, sondern auch Plakatkarton, Filz- und Dekorationspapiere. Wer seine Titelvorlagen gänzlich auf den Filminhalt abstimmen möchte, verwendet Tapeten oder Klebefolien und Materialien mit auffälliger Oberflächenstruktur (gemasertes Holz, Marmor, Schiefer, Hohlblocksteine, mit einer Glasplatte bedecktes grobes Textilgewebe).
Nicht weniger attraktiv sind fotografische Vorlagen eigener und fremder Produktion: großformatige Kalenderbilder oder Illustriertenausschnitte, Standfotos aus dem betreffenden Film

(auch als farbige Direktvergrößerungen eines Einzelbildchens aus dem Original-Super-8-Streifen), Fotomontagen und negative Fotos (Direktvergrößerungen von Diapositiven mit Umkehrung aller Tonwerte). Kinetische Vorlagen (nach dem Prinzip der 3-D-Postkarten hergestellte »Wechselbilder« von Vari-Vue oder Xograph) ermöglichen, vor allem in Überlagerung mit Schriftzeilen, die Aufnahme verblüffender Effekttitel. Wenn die Bildplatte während der Aufnahme horizontal geneigt wird, geraten die aufgedruckten Ornamente oder Farben in Bewegung.

Aus dem Setzkasten

Buchstaben stehen in zahlreichen Schrifttypen, Größen und Farben zur Verfügung, so daß die Konstruktion eindrucksvoller Titeltexte keinerlei Schwierigkeiten bereitet.
Nach der Do-it-yourself-Methode zeichnen wir die Schriftzeilen aus freier Hand oder mittels Schriftschablonen. Wir ritzen kurze Textzeilen in feuchten Sand oder Schnee ein (Beleuchtung durch Seitenlicht), schneiden einzelne Wörter aus Fotos aus oder beziehen die Lettern fix und fertig aus Werbeannoncen, Prospekten und Plakaten.
Noch bequemer und sauberer läßt sich die Beschriftung der Vorlagen bei Verwendung handelsüblicher Magnet-, Lege- oder Haftbuchstaben vornehmen. Nahezu überwältigend wirken Titeltexte, die aus sogenannten Transfer-Buchstaben (Letraset, Transotype, Alfac, Deca-dry, Transprint) zusammengesetzt wurden. In umfangreichen Sätzen auf Transparentfolien gedruckt, lassen sich die hauchdünnen Lettern durch Anreiben mit dem stumpfen Bleistiftende mühelos auf jede glatte Vorlage übertragen (Papier, Karton, Foto, Ansichtskarte, Kunstdruck, Glas, Plastikfolie usw.).

EIN LOB DER SCHERE

Seit Filmautoren und Privatkinogäste allabendlich mit optischakustischer Bildschirmkost berieselt werden, sind sie anspruchsvoller geworden und geben sich nicht länger mit der Projektion ungeordneter Hobbyfilm-Sammelsurien zufrieden. Schon nach der ersten Vorführung eines unbearbeiteten Lichtspiels stellen sie fest, daß die Bezeichnung »Film« nur auf eine gestaltete Einheit, nicht aber auf kunterbuntes Durcheinander lebender Bilder zutrifft. Wer sich eines faszinierenden Mediums zur Erinnerungskonservierung und zur Vermittlung seiner Ideen bedient, praktiziert begeistert filmische Nachgestaltung am Schneidetisch und gibt seinen optischen Schöpfungen durch Montage den letzten Schliff.

Handwerk und Gestaltung

Sobald man sich mit dem Gedanken angefreundet hat, seinen Filmen durch Nachbearbeitung des belichteten Rohmaterials eine individuelle Prägung und optimale Wirkung zu verleihen, entpuppen sich Schnitt und Montage als spannendste Gestaltungsphasen. Plötzlich wird deutlich, daß durch den Gebrauch der Schere mittelmäßige Streifen in gute Filme und erstklassige Lichtspiele in kinematografische Kunstwerke verwandelt werden können.

Der Filmschnitt ist ein rein handwerklicher Vorgang, der als Basis der Montage sauberer und sorgfältiger Ausführung bedarf. Die erforderlichen Handgriffe lassen sich in wenigen Minuten nach der Gebrauchsanweisung, die jedem Filmbearbeitungsgerät beigefügt ist, erlernen. Mit »Montage« hingegen bezeichnet man einen echten Gestaltungsvorgang, durch den ungeordnete optische Eindrücke nach bildsprachlichen Regeln zu einer projektionsreifen Bilderzählung umgeformt werden.

Schnitt und Werkzeug

Nachdem wir uns im zweiten Kapitel dieses Buches bereits über das Handwerkszeug des Cutters unterhalten haben, begnüge ich mich an dieser Stelle mit einer kurzen Aufzählung der Bestandteile des Schneidetisches: hochwertige Klebepresse (Splicer), Laufbildbetrachter (Editor) mit Bildschirm und Umroller für 8-mm-Spulen bis zu einem Fassungsvermögen von 120 m, farbfilmschonender Proof (Filmkitt oder -lösemittel) beziehungsweise Trockenklebefolien, Leer- und Aufwickelspule, kleine scharfe Schere, nicht zu weicher Pinsel zum Entfernen von Feil-

staub. Ein Szenenordner (in numerierte Fächer unterteilter flacher Karton oder Brettchen mit kleinen Nägeln) sowie ein Behälter für Filmabfälle vervollständigen die Ausrüstung.
Da unsere Filme »frisch« vom Umkehrdienst zurückkehren, beginnen wir erst nach einigen Tagen mit der Bearbeitung. Fingerabdrücke, Staub und Kittreste können untilgbare Spuren auf der empfindlichen Schichtseite des Filmbandes hinterlassen. Umsichtige Schnittmeister tragen dünne Baumwollhandschuhe, um die wertvollen Film-Unikate vor Beschädigungen zu bewahren. »Drop-outs« (Tonlöcher) bei Filmen mit Magnettonrandspur lassen sich nur vermeiden, wenn die Klebestellen mit äußerster Sorgfalt ausgeführt werden.
Die Nachbearbeitung des Films erfolgt in zwei Etappen. Nachdem die 15-m-Spulen chronologisch oder nach Drehbuch geordnet und numeriert wurden, notieren wir alle fehlerhaften Einstellungen, die im Interesse attraktiver Filmgestaltung unbarmherzig eliminiert werden müssen. Sodann fassen wir das gesamte Bildrohmaterial auf einer genügend großen Spule zusammen. Ist der Film für Magnettonrandbespurung vorgesehen, müssen zusätzlich mindestens 10% des Filmumfanges einkalkuliert werden. In der Rohschnittphase betätigen wir fleißig die Cutter-Schere, denn eine einzige mißlungene Einstellung vermag den ganzen Film zu verderben! Entfernt werden unbelichtete Vor- und Nachspannteile, doppelt gedrehte Aufnahmen und solche, die in irgendeiner Form »verpatzt« wurden: Falschbelichtungen, unscharfe oder allzu unruhige Einstellungen, Bilder mit Lichteinfall, unschöne Schwenks und Travelling-Aufnahmen. Zu lang ausgefallene Einstellungen sollten wirkungssteigernd gekürzt werden. Man kann sich leichter von überzähligen Aufnahmen trennen, wenn man sie auf einer Archivspule zusammenfaßt, um sie später zu einem Sammelfilm zu verarbeiten.
Versierte Filmer wissen, daß Schnittfehler und bildsprachliche Mängel im Eifer des Gefechts allzu leicht unbemerkt bleiben. Sie lassen zwei oder drei Tage vergehen, ehe sie sich das Lichtspiel erneut vornehmen, um ihm in der Feinschnittphase durch gestaltende Montage seine endgültige Form zu verleihen. Erst wenn der Film einer letzten kritischen Prüfung auf der Lein-

wand unterzogen worden ist, darf er dem Fachhändler zum Auftragen der Magnettonrandspur anvertraut werden. Bei solchen Probevorführungen kann der »Putzfrauentest«, bei dem man den Streifen von einem Nichtfilmer beurteilen läßt, wertvolle Erkenntnisse vermitteln.

Regelmäßige Pflege der empfindlichen Filmbänder sollte als selbstverständlich vorausgesetzt werden. Spezialreinigungs- und -konservierungsmittel, die weder Farben noch Magnettonrandspur angreifen, befreien den Film von Staub, Kittresten oder Fingerabdrücken auf der Schichtträgerseite und versehen ihn mit einer Imprägnierung, die das Austrocknen verhindert. Die Behandlung des Films erfolgt zum erstenmal nach der Montage, zum zweitenmal nach der Vertonung und später – je nach Beanspruchung – im Turnus von ein bis zwei Jahren.

Film und Form

Zur Erleichterung der Vorführung wird jeder Film auf einer gesonderten Spule untergebracht. Zusammengeklebte Filme beeinträchtigen die Planung geeigneter Vorführprogramme und erschweren die Archivierung. – Ich möchte noch einmal ausdrücklich darauf hinweisen, daß Kurzfilme (konkrete Thematik) erheblich mehr Aussicht auf Erfolg haben als »Kolossalfilme« von 120 Metern Länge.

Ein projektionsfreundlicher Hobbyfilm ist mit zünftigem Vor- und Nachspann versehen. Der Vorspann setzt sich aus einem Meter grün eingefärbtem Blankfilm und mindestens einem halben Meter unbelichtetem Schwarzfilm zusammen, dem sich die Titelei anschließt. An den Ende-Titel kleben wir einen Meter Schwarzfilm und einen Meter rot eingefärbten Blankfilm. Sofern der Projektor mit Einfädelautomatik ausgestattet ist, empfiehlt es sich, den grünen Blankfilm mit einem Stück weißem Vorspannfilm zu versehen. Die Schwarzfilmteile verhindern augenbeleidigende Lichtblitze auf der Leinwand und ermöglichen eine variable akustische Untermalung des Films. Die grüne Blankfilm-Allonge gibt den Start frei, die rote erinnert daran, daß der Film für die nächste Vorführung zurückgespult werden muß.

Zwischenschnitte

Durch nachträglich eingefügte Zwischenschnitt-Einstellungen können sowohl spontan entstandene als auch Drehbuch-Filme vervollständigt und somit attraktiver gestaltet werden. Fehlende Aufnahmen lassen sich entweder nachdrehen (Großaufnahmen von Gesichtern, Requisiten, Schildern, Landkarten, Trickvorlagen und Reproduktionen von Fotos, Postkarten usw.) oder fertig beziehen (z. B. aus den Archiven befreundeter Filmer). Spielfilme können besonders effektvoll durch Color-Kauffilm-Ausschnitte »frisiert« werden (auf unser Filmformat umkopierte professionelle Szenen). So zum Beispiel, wenn wir Aufnahmen von exotischen Schauplätzen oder historischen Ereignissen, von Flugzeugen, Raumschiffen und dergleichen benötigen.

Szenenübergänge lassen sich ebenfalls nachträglich konstruieren. Einerseits durch geschickte Montage vorhandener Einstellungen (einander ähnelnde Motive, handlungsgerechte Anschlüsse), andererseits durch handelsübliche Zwischenschnitt- oder Klebeblenden mit beweglichen Ornamenten (Wisch-, Kreisel-, Verlauf-, Scherenblende).

Tips für Montagemeister

Sorgsame Montage kann sich entscheidend auf das filmische Resultat auswirken. Fast immer läßt sich das Bildrohmaterial durch gestraffte Szenen, Neuordnung der Bildfolgen, Veränderung des Bildrhythmus und filmgemäße optische Schilderung verbessern. Selbstverständlich sind auch für die Montage die bereits erwähnten Regeln bildsprachlicher Gestaltung maßgebend (Bewegungsablauf und -richtung, Einstellungswechsel, Filmgliederung, Beleuchtung, Farbharmonie). Folgende Tips weihen künftige Meister der flimmernden Kunst in die interessantesten Montagegeheimnisse ein.

1. Bei spontan entstandenen Filmen wird die eigentliche Filmgestaltung allein durch die Montage vollzogen. Der Film gewinnt durch Konzentration auf Wesentliches. Wir lassen alle Einstellungen weg, die für eine optisch verständliche Schilderung nicht unbedingt erforderlich sind. Die Montage erfolgt in chronolo-

gischer, erlebnis- oder themengerechter Reihenfolge. – Die – durcheinander aufgenommenen – Bildfolgen des vorausgeplanten Films werden nach Drehbuch zusammengefügt. Ihre Aussagekraft läßt sich durch nachträgliche »Eingriffe« auf überraschende Weise vertiefen, sofern die Kontinuität der Dialoge nicht gestört wird (Kürzungen, Umstellungen, Einfügung von Zwischenschnitten, Veränderung des Rhythmus durch Raffung oder Dehnung der Handlung). – Bei Sammel- oder Montagefilmen konstruiert man aus unabhängig voneinander aufgenommenen Einstellungen harmonierenden Inhalts verblüffende filmische Einheiten in Episodenform.

2. Stumm- und Tonfilmmontage unterscheiden sich insofern, als bei akustisch verbrämten Lichtspielen die Dialoge zu beachten sind. Da nur solche Erklärungen, die optisch nicht darstellbar sind, akustisch vermittelt werden, bemühen wir uns um die Montage visuell verständlicher Bildfolgen.

3. Filmlogik ergibt sich daraus, daß man zwischen den verschiedenartigen Einstellungen und Bildfolgen durch die Montage Beziehungen herstellt und somit Zusammenhänge verdeutlicht. Die optische Verständlichkeit muß auch bei unkonventioneller Montagetechnik gewahrt bleiben, sofern der Zuschauer nicht durch abstraktes Bildgeschehen ausschließlich emotionell angesprochen werden soll.

4. In »handlungsfreien« Berichtsfilmen fungieren — eventuell nachträglich aufgenommene — Einstellungen einer Person (Spaziergängerin, Reisender, Chauffeur, Fotografin) als »roter Faden« zur Verbindung einzelner Episoden. Das gleiche gilt für Sammel- oder Montagefilme, zu deren harmonischer Abrundung Einleitungs-, Verbindungs- und Ausklangszenen nachgedreht werden (Gastgeber und Gäste, Cutterin am Schneidetisch, Erinnerungen auffrischende Hobbyfilmer-Crew).

5. Filmstil und Filmrhythmus ergeben sich aus dem Thema und aus dessen individueller Interpretation durch den Filmautor. Als Ausdrucksform für die meisten Hobbyfilme eignet sich der »dramatische Stil« am besten (konzentriertes Geschehen, dynamisch montierte Bildfolgen, flottes Handlungstempo). Eine beschaulich-ruhige Bildschilderung ist nur in Ausnahmefällen zu empfehlen (bestimmte Naturfilme, Stimmungsmalerei).

6. Die Mittel der Spannungserzeugung (Transport = tempogeladene Bewegungsaktionen, Action = geballtes Geschehen, Konflikt = Startsituation, aus der eine sich steigernde Bild- oder dramatische Handlung entwickelt werden kann) erfahren durch geschickte Montage eine unerhörte Steigerung bis zum inhaltlichen Höhepunkt: Schockwirkung durch unmittelbar aufeinanderfolgende Totale und Großeinstellung; sich ständig verringernde Kameradistanz oder stete Verkürzung der Einstellungen; mehrmalige Wiederholung der gleichen Einstellung (springender Sekundenzeiger einer Uhr, näherrückendes Auto); ständig abwechselnde Aufnahmen von Verfolger und Verfolgtem (Parallelmontage).

7. Die Wirbelmontage besteht aus mehreren sehr kurzen und möglichst mit verkanteter Kamera aufgenommenen Naheinstellungen charakteristischer Motivfragmente. Sie dient nicht nur der Spannungssteigerung, sondern auch der Milieuschilderung und der gerafften Darstellung eines längeren Zeitabschnittes.

8. Abstrakte Begriffe und emotionale Erscheinungen werden nach psychologischen Regeln durch Symbol-Einstellungen verdeutlicht, die sich nicht unbedingt auf die anderen Bilder beziehen, aber auf Anhieb verständlich sein müssen (Assoziationsmontage). Beispiele für Symbolmotive: sich auftürmende Gewitterwolken (Gefahr, Bedrohung), lodernde Flammen (Leidenschaft oder Haß), einzelne Blüte auf einer Schutthalde (Hoffnung.

9. Im Film wird reale Zeit grundsätzlich komprimiert dargestellt, um überlange Einstellungen und langweilende Szenen zu vermeiden. Man schildert ausgedehnte Bewegungsvorgänge lediglich mit einigen typischen Motivdetails (Beispiel: Person besteigt einen Zug / Zug fährt ab / Zug läuft in den Zielbahnhof ein / Person steigt aus). Vergangene Zeit läßt sich durch die Kombination von Ab- und Aufblendung, durch Überblendung, durch Zwischentitel, durch Zwischenschnittblenden, durch Andeutungen in der Tonkulisse oder durch Symbolmotive (Uhren, Kalenderblätter usw.) darstellen.

10. Zum Abschluß darf ich vor einigen häufig begangenen Montagefehlern warnen. Bewegungs- und Handlungs- beziehungsweise bildsprachliche Kontinuität müssen auch bei dynami-

schem Schnitt erhalten bleiben, damit die optische Verständlichkeit des Geschehens nicht beeinträchtigt wird. In unterbrochenen und mit gleicher Kameraposition fortgesetzten Aufnahmen rufen bewegliche Objekte einen »Bildsprung« hervor, der beseitigt werden kann, wenn man die Einstellung trennt und einen passenden Zwischenschnitt (Großaufnahme) einfügt. In aufeinanderfolgenden Einstellungen sind Wiederholungen gleicher Vorgänge zu vermeiden; nur durch Fortsetzung eines bestimmten Vorganges erfährt das Bildgeschehen eine erfreuliche Steigerung.

DAS GEWISSE FLÜSTERN

Durch akustische Untermalung entwickelt sich der Film zum audiovisuellen Medium, das unsere Ausdrucksmöglichkeiten erweitert, aber auch gewisse Gefahren birgt. Seit der Tonfilm das Hobbykino erobert hat, neigen nämlich viele Filmer zur Überbewertung akustischer Reize, obwohl sie mit rein optischen Mitteln weitaus bessere Resultate erzielen könnten. Hobbyfilme müssen zwangsläufig nachsynchronisiert werden. Dabei spielt es keine Rolle, ob wir uns des international genormten Einbandverfahrens (Magnettonrandspur auf dem Filmstreifen) oder eines der Zweibandverfahren (ETS = Einheitstonsystem mit Pilotton, mechanischer Tonkoppler, perforierter Magnetfilm) bedienen. Wir begeben uns erst dann ins Tonstudio, wenn das Lichtspiel fix und fertig montiert und gegebenenfalls mit einer Magnettonrandspur versehen worden ist. Die Nachsynchronisation birgt den Vorteil, daß man sich bei der Filmaufnahme gänzlich unbelastet von akustischen Problemen der optischen Gestaltung hingeben kann (Ausnahme: Dialoge). Einige wenige Kameramodelle lassen die gleichzeitige Aufnahme von Bild und Ton (getrennte Aufzeichnungsgeräte für das Zweibandverfahren) zu, aber keinen nachträglichen Schnitt. Auf die Beschreibung der zahlreichen unterschiedlichen Vertonungsverfahren verzichtend, wollen wir uns in diesem Kapitel ausschließlich mit dem unkomplizierten und zukunftssicheren Einbandverfahren beschäftigen, das als fortschrittlichste Synchronisationsmethode allgemein anerkannt wird.

Besitzer eines Kassetten-Recorders (netzunabhängiges Minitonbandgerät) werden allerdings jede Gelegenheit wahrnehmen, diese Apparatur als akustisches Notizbuch zu verwenden. Auf Reisen schneiden sie folkloristische Musik oder eine Original-Tonkulisse mit, um sie später auf die Magnettonrandspur zu überspielen. Bei Spielfilmaufnahmen zeichnen sie Dialoge auf, um sich die Nachsynchronisation zu erleichtern.

Hilfreiche Akustik

Mit einer Bemerkung, die von Hobbyfilmern getrost als Leitsatz für die Filmvertonung akzeptiert werden kann, trifft Altmeister Hitchcock buchstäblich ins Schwarze: »Eine Szene, die nur Sprache enthält, interessiert nicht mehr ... Dialoge sollen nur ein Geräusch mit anderen Geräuschen sein, einfach etwas, das aus dem Mund von Leuten kommt, die mit ihren Augen die wahre Geschichte erzählen.« Diese Äußerung trifft natürlich nicht nur auf Dialoge, sondern auf die gesamte Tonkulisse zu, denn die Aussagekraft eines Films basiert in erster Linie und fast ausschließlich auf der konsequenten Anwendung optischer Mittel! Akustik ist lediglich unterstützendes Gestaltungselement, das optische Vorgänge ergänzt, intensiviert und modifiziert, aber niemals Selbstzweck werden darf. Sobald wir diese unumstößliche Regel beachten, ist die Gefahr der Produktion »illustrierter Hörspiele« à la Fernsehen gebannt.
Bei einem zünftigen Tonfilm muß die Einheit von Bild und Ton bis ins letzte Detail gewährleistet sein. Durch wahllos auf die Magnetspur überspielte Musik verwandelt sich das Lichtspiel keineswegs automatisch in einen Tonfilm. Obwohl die optische Wahrnehmung des Zuschauers erheblich stärker entwickelt ist, werden akustische Reize deutlich registriert und vermögen nur dann zu überzeugen, wenn sie sich auf die Bildeindrücke beziehen und mit diesen harmonieren.
Als bildunterstützende akustische Elemente fungieren, in der Reihenfolge ihrer Bedeutung, wirklichkeitsintensivierende Geräusche, erklärende und bereichernde Sprache, stimmungsbetonende und modifizierende Musik sowie Stille zur Vertiefung von Bildstimmung, Spannung oder Bewegung. Sämtliche aku-

stischen Mittel müssen gezielt, aber unaufdringlich eingesetzt werden.
Das Publikum soll die Tonkulisse als angenehme Abrundung visueller Genüsse empfinden. Akustische Überladung kann erheblichen Schaden anrichten und den Augenschmaus nachhaltig verwässern. Nicht in jedem Film bedarf das Bildgeschehen gleichzeitiger oder wechselnder Untermalung durch alle akustischen Elemente. Außer bei echten Spielfilmen und realistisch angelegten Trickfilmen erweist sich eine Mischung aus Kommentar und Musik, aus Geräuschen und Musik oder aus Dialogen und Geräuschen oft als völlig ausreichend.
Tontechniker unterscheiden zwei Vertonungsmethoden, deren Anwendungsmöglichkeiten sich aus Filmthema und -inhalt ergeben. Begleitende Akustik setzt sich aus Kommentar und Untermalungsmusik zusammen. Lippensynchrone Akustik besteht aus Mono- und Dialogen, die exakt mit den Mundbewegungen der im Bilde sichtbaren Personen übereinstimmen, aus bildsynchronen Geräuschen und deutlich akzentuierender Musik.

Im Synchronstudio

Da die erforderlichen Geräte bereits beschrieben und grundsätzliche Fragen beantwortet wurden, begnüge ich mich mit der Aufzählung einiger Tips aus der Praxis, die Ihnen zu einwandfreien Tonfilmen verhelfen.
1. Das Einbandverfahren bietet insofern Vorteile gegenüber anderen Vertonungstechniken, als die Ton-Aufnahme und die Bild-Ton-Wiedergabe mit einem einzigen Gerät (Magnettonprojektor) vorgenommen werden. Die Filme lassen sich auf jedem beliebigen Tonprojektor vorführen, sofern der Normabstand zwischen Bildfenster und Tonkopf gegeben ist (18 Bilder bei Super-8 und Single-8, 56 Bilder bei Standard-8). Präzise fixierte Akustik bleibt für alle Zeiten punktgenau auf der Magnettonrandspur haften (nachträgliche Löschung, auch für Korrekturen, möglich). – 2. Um einwandfreie akustische Resultate zu erzielen, installiert man die Aufnahmegeräte mit besonderer Sorgfalt. Der Projektor wird erschütterungsfrei aufgestellt, das Mikrofon auf einem Stativ verankert oder aufgehängt, eine

kleine Bildwand (silberfarbener Plakatkarton) »sprechergerecht« aufgebaut. Sofern kein Mikrofon mit automatischer Raumgeräuschunterdrückung zur Verfügung steht, hüllen wir den Projektor in schalldämpfende Wolldecken ein. Der Bildwerfer wird durch Spezialkabel mit jenen Geräten verbunden, die für die Überspielung von Geräuschen und Musik (Radio- oder Tonbandgerät) sowie für die Kontrolle der Tonkulisse (Kopfhörer, Lautsprecher) erforderlich sind. – 3. Als Tonstudio eignet sich am besten ein schallschluckender Raum, dessen Wände und Decken gegebenenfalls mit Eierkartons, gefältelten Stoffbahnen oder Schalldämmplatten verkleidet wurden. – 4. Vorausgeplante Filme werden nach den im Drehbuch festgelegten Regieanweisungen vertont. Spontan aufgenommene und Montagefilme bedingen die Ausarbeitung eines Synchronisationsplans, der präzise Angaben über Bildinhalt und akustische Komponenten, über Toneinsätze und eventuell erforderliche Kommentartexte enthält. – 5. Die Filmvertonung wird nach bewährter Methode in drei Etappen vorgenommen, wobei unter Umständen die Funktionsweise der Aufnahmeautomatik zu berücksichtigen ist. Im allgemeinen bedient man sich der eingebauten Tricktaste oder eines kleinen Mischpultes. Wenn alle drei Komponenten akustischer Bilduntermalung zum Einsatz gelangen, versehen wir den Film zuerst mit der Musik, im zweiten Durchlauf mit sämtlichen Geräuschen und zuletzt mit Kommentar oder Dialogen. – 6. Nachträgliche Schnittkorrekturen bereits vertonter Filme sind auf jeden Fall zu vermeiden, da die Schnittstelle in der folgenden Einstellung ein häßliches Tonloch verursacht. – 7. Durch geringe Bandbreite und niedrige Laufgeschwindigkeit der Magnettonrandspur ist deren Frequenzumfang im Vergleich zu herkömmlichen Tonbändern relativ gering. Man verwendet die von Big Bands und Symphonieorchestern erzeugte Musik mit Vorbehalt. Alle anderen Bestandteile der Tonkulisse werden klangrein und verzerrungsfrei aufgezeichnet. – 8. Nach dem Auftragen der Tonspur sollte man seinen Film möglichst nicht mehr auf Stummfilmprojektoren vorführen. Das aufgeklebte Minitonband könnte durch die Filmführung beschädigt oder durch magnetisierte Metallteile gelöscht werden. – 9. Die Vervielfältigung urheberrechtlich geschützter »Werke der Tonkunst« bedarf – auch für Hobbyzwecke – leider immer noch der Genehmigung einschlägiger Rechtsschutzorganisationen: GEMA in der Bundesrepublik Deutschland, SUISA in der Schweiz, AKM oder Austro-Mechana in Österreich.

Bild und Geräusche

Die Überspielung von Geräuschen ist nur dann sinnvoll, wenn diese exakt mit dem Bild in Übereinstimmung gebracht werden können. Nur synchrone Geräusche entfalten durch die Kombination eines optischen und eines akustischen Reizes ihren wirklichkeitsvertiefenden Effekt. Ein Geräusch ertönt um so lauter und deutlicher, je größer die Geräuschquelle abgebildet ist (Groß- und Nahaufnahmen). In Weiteinstellungen und Totalen brauchen Einzelgeräusche nur ausnahmsweise (Fahr- oder Flugzeug, Modelltrickgeschehen) gesondert aufgezeichnet zu werden. Das gleiche gilt in etwa für die Sprache.
Erfahrungsgemäß werden nur selten brauchbare Ergebnisse erzielt, wenn man reale Geräusche selbst aufnimmt (akustische Verzerrungen, störende Nebengeräusche). Für die Filmvertonung sind die im Fachhandel erhältlichen Geräusch-Schallplatten und -Tonbänder besser geeignet. Sobald bestimmte Geräuschakzente punktgenau auf das Bild abgestimmt werden müssen, lassen sie sich auch synthetisch erzeugen und via Mikrofon auf die Randspur übertragen. Beispiele: Schritte im Sand oder Schnee (Kneten eines Plastikbeutels mit Stärkemehl oder zweier Styropor-Brocken), Feuer (Zerknüllen von Zündholzschachteln oder Cellophan), Donner (Schütteln eines großen Plakatkartonbogens), Düsenflugzeug oder Raumschiff (Geräusch eines Trockenrasierers), Faustschlag (Schlag auf ein Lederkissen), Schuß (Schlag mit dem Lineal auf eine glatte Fläche).

Sprache und Sprecher

Sprache im Film setzt ein wenig Schreibtischarbeit voraus, da Textimprovisationen zu viele Unsicherheitsfaktoren enthalten. Alle Sprecher(innen) erhalten rechtzeitig eine Kopie des Textes, die während der Vertonung so placiert ist, daß sie keine störende Raschelei verursacht. Filme ohne Spielhandlung werden von einem »Geistersprecher« kommentiert. Je nach Thema wählen wir eine einschmeichelnd-weibliche oder eine markig-männliche Stimme; je nach Filminhalt verfassen wir den (knappen) Kommentar in sachlich-nüchterner oder satirischer Prosa, in heiteren Versen oder in stimmungsvoller Lyrik. Bei der Vertonung von Spielfilmen müssen Mono- und Dialoge genau auf die Lippenbewegungen sichtbarer Akteure abgestimmt werden. Darsteller(innen) mit unsauberer oder dialektgefärbter Aussprache lassen sich, und das ist ein weiterer Vorteil der Nachsynchronisation, durch geeignete Fremdsprecher(innen) ersetzen.

Musikalisches

In ihrer Eigenschaft als organisch ergänzende akustische Komponente tritt Filmmusik kaum jemals in den Vordergrund (Ausnahme: im Bilde sichtbare Musiker). Sie soll bildgerecht untermalen, in Unterstützung des Bildeindruckes Emotionen wekken und beim Zuschauer Assoziationen hervorrufen. Musik darf niemals »durchgezogen« werden. Sie muß ständig von Stille, Geräuschen und Worten unterbrochen sein, damit sie das Bildgeschehen nicht verflacht. Die Verwendung vieler unterschiedlicher Musikstücke erweist sich als nachteilig; das von Zeit zu Zeit wiederkehrende musikalische Leitmotiv vermag die Bildeindrücke stärker zu intensivieren. Da Gesang fast immer die Bildwirkung aufhebt (Ausnahme: im Bilde sichtbarer Interpret), setzen wir fast ausschließlich Instrumentalmusik ein, wobei auf allzu bekannte (vom Bild ablenkende) Melodien verzichtet wird. Als besonders geeignet, vor allem für die Vertonung von Action-Filmen, haben sich »Soundtracks« zu Berufsfilmen erwiesen, da ihre einzelnen Passagen bildakzentuierend eingesetzt werden können (den Ablauf des Geschehens markierend, spannungssteigernd, Gefahr signalisierend).

In den meisten Fällen beziehen wir unsere Filmmusik fix und fertig von der Musikindustrie, indem wir uns des umfangreichen Schallplatten-, Tonband- und Bandkassetten-Sortiments bedienen. Die Auswahl geeigneter akustischer Begleitung setzt natürlich ein wenig Musikverständnis und audiovisuelles Fingerspitzengefühl voraus. Mit folgenden Vorschlägen möchte ich Ihnen den Start in filmmusikalische Abenteuer ein wenig erleichtern.

Familien- und Kinderfilme: Instrumentalaufnahmen von Kinderliedern, neue Musik für Kinder von Carl Orff, heitere Musik aller Art. – Reise- und Ferienfilme: als hervorragend geeignet erweist sich Volksmusik des betreffenden Gebietes oder Landes. Authentische folkloristische Untermalungsmusik erwirbt man in Form von Schallplatten am Reiseziel. – Dokumentarfilme: je nach Thema Klassisches von Bach, Mozart, Hindemith oder Strauss; zu modernen Themen Rock'n'Roll, Beat, Soul oder beschwingte Unterhaltungsmusik. – Reportagen: unter Berücksichtigung des Filminhaltes auf einer breiten musikalischen Skala, die von dramatisch grollender Klassik über Märsche und Fanfarenstöße bis zu Pop Music und Modern Jazz reicht. – Trickfilme: in strenger Abhängigkeit von Tricktechnik und Thema verwendet man ähnliche Programmusik wie für Phantasie- und Spielfilme, aber auch Klassisches im modernen Gewande, dargeboten von Jacques Loussier, den Swingle Singers und anderen. – Phantasie- und Experimentalfilme: elektronische Musik von Komponisten wie Henk Badings und von Interpreten wie Walter Carlos auf Bob Moogs »Synthesizer«, Psychedelic Underground Music, Progressive Pop Music, Protest-Songs (sofern sich ihr Text auf den Filminhalt bezieht). – Sammel- oder Montagefilme: hier empfehlen sich »Mad Movie Music«, erheiterndes Klaviergeklimper im Stile des »Schrägen Otto« oder Traditional Jazz, wie er beispielsweise von der »Firehouse Five Plus Two« produziert wird. – Spielfilme, die fast immer als Parodien, Persiflagen oder Satiren realisiert werden, lassen sich von Soundtracks und Original Scores zu Berufsfilmen eindrucksvoll untermalen (Titelmelodien aus Film- und TV-Krimis, zum Beispiel von Peter Thomas; komplette Tonkulissen von John Barry zu James-Bond-007-Streifen, Musik aus Karl-May-Filmen und Fernsehserien sämtlicher Kategorien).

Unsere einmalige Liebhaberei verfehlt ihren Zweck, solange sie nur für die Familie und einige intime Freunde ausgeübt wird. Der Hobbyfilmer braucht einen größeren Zuschauerkreis, um seine optisch fixierten Erlebnisse, Gedanken und Empfindungen anderen Menschen mitteilen zu können, sich zu neuen kinematografischen Taten anregen zu lassen und den Gedankenaustausch mit befreundeten Kollegen zu fördern. Wer Filmisches nur »für die Schublade« produziert, hat überhaupt keine Chance, durch geteilte Freude an einer gelungenen Schöpfung echte innere Befriedigung zu erlangen.
Erleben Sie das immer neue Vergnügen der Projektion selbst aufgenommener, montierter und vertonter Filme so oft wie möglich gemeinsam mit wechselndem Publikum, das sich für die Wunder der Kinematografie zu begeistern vermag. Ich möchte dieses Buch mit einigen Projektionstips abschließen, damit filmische Leistungen nicht durch mangelhafte Vorführung gemindert werden.

Premierenabend

Auch wenn man sich mit improvisierter Installation der Projektionsgeräte und des notwendigen Zubehörs begnügen muß, erfolgt die Einrichtung des ambulanten Vorführraums keineswegs nach dem berüchtigten Schema in Gestalt von »Opas Heimkino«. Schon vor Eintreffen der Gäste wird das private Lichtspieltheater sorgfältig hergerichtet und somit eine anheimelnde Atmosphäre geschaffen.
Vorbedingung für das Gelingen des Premierenabends ist ein großes und helles Schirmbild. Als Privatkino eignet sich am besten ein langgestreckter (Wohn-)Raum, an dessen Schmalseiten Projektor und Bildwand aufgestellt werden können. Bei kleinen Räumen kann man durch den Einsatz des Zoom-Objektivs eine maximale Schirmbildgröße erzielen. Die formatgerechte Bildwand ist ebenso wichtig wie die stabile Unterlage für den Projektor. Bei Verwendung eines handelsüblichen Projektionstisches bewahren wir das Publikum vor unliebsamen Störungen,

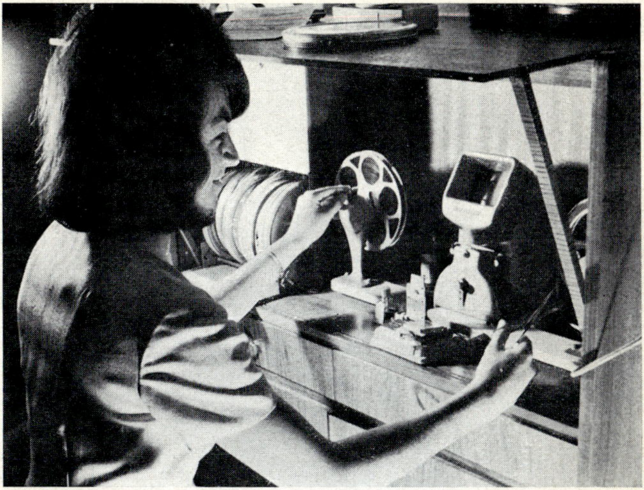

»Schnippeln« macht Spaß! Erst nach der Montage entpuppt sich kunterbuntes Szenendurcheinander als gestaltete Einheit, »Film« genannt.

Einschlägige Hersteller ergänzen das private Vorführprogramm mit Reportagen vom Mond und tausend anderen, auf Super-8 umkopierten Berufsfilmausschnitten.

Foto: NASA/Kodak

Das stationäre Kellerkino, in Teamwork entstanden, dient als Zuschauerraum, Atelier, Clubzimmer und Tonstudio (Filmsynchronisation, Bandaufnahmen).

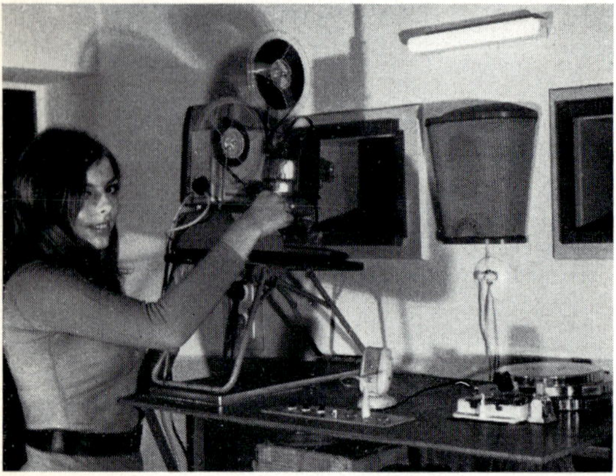

Von einem Nebenraum aus konfrontiert man sein Publikum mit den Produkten kinematografischer Bemühungen und kündigt per Mikrofon Erholungspausen an.

Mit Plastiktuch bespannte Wände schlucken den Schall; die Leinwand präsentiert lebende Bilder; »Miß Kino« begrüßt unsere Gäste.

da das Vorführgerät hinter der letzten Sitzreihe aufgestellt und dann über die Köpfe der Zuschauer hinweg projiziert werden kann. Jeder Lichtschimmer lenkt vom Bild ab, so daß perfekte Raumverdunklung (Rollade oder lichtdichter Vorhang) unbedingt erforderlich ist. Sollen Stummfilme mit Musik untermalt werden, stellt man Plattenspieler oder Tonbandgerät in Reichweite des Operateurs auf. Als Pausenlicht installieren wir eine Tisch- oder Stehlampe, deren Schalter vom Vorführer bequem zu erreichen ist. Bei Projektion von Tonfilmen wird der Lautsprecher knapp unter der Bildwand, auf keinen Fall aber dahinter oder in größerer Entfernung, angebracht. Die Sitzgelegenheiten für unsere Zuschauer bieten maximale Bequemlichkeit; für die Pause stehen Erfrischungen bereit.

Wer seine Filme ständig im gleichen Zimmer vorführt und ein wenig Basteltalent besitzt, kann den zweckentfremdeten Wohnraum in ein improvisiertes Minikino verwandeln. Er trennt Zuschauer- und Bildwerferraum (Laufgeräuschunterdrückung), indem er aus einem Nebenraum durch die Türöffnung projiziert, die Tür selbst mit einem Projektionsfenster versieht (Klappe mit Scharnier) oder das Vorführgerät in einen Schrank einbaut (auf Gleitschienen). Die Leinwand wird fest hinter einem abnehmbaren Wandbild angebracht oder wie ein Rollo in der Fensternische verborgen. Selbstverständlich lassen sich auch die erforderlichen Kabel fest verlegen.

Bevor der erste Kinogast den Klingelknopf betätigt, ist der Operateur samt seinen Geräten einsatzbereit (auch wenn die Vorführung erst später gestartet werden soll). Der Vorführraum ist publikumsfreundlich hergerichtet; Strom- und Tonkabel wurden unter Teppichen und hinter Möbelstücken versteckt; Ersatzteile (Projektionslampe und Sicherung), Werkzeuge (Schraubenzieher und Tesafilm für die Schnellreparatur nach einem Filmriß) und eine zweite Leerspule liegen bereit. Der erste Film wurde eingelegt, nachdem wir uns durch einen Test (Bildgröße und -schärfe, Tonwiedergabe, Raumbeleuchtung) gegen Premierenpannen abgesichert haben. Um den Zuschauern ein optimales audiovisuelles Erlebnis zu vermitteln, bauen wir die erste Sitzreihe in einer Distanz zur Leinwand auf, die der zwei- bis dreifachen Breite des projizierten Schirmbildes entspricht. Die Tonkulisse wird unaufdringlich, also in geminderter Phonzahl, abgestrahlt, um die optische Wirkung nicht zu beeinträchtigen.

Das stationäre Kino

Als glücklicher Hausbesitzer und passionierter Filmer kann man seinem faszinierenden Hobby den letzten Schliff verleihen, indem man sich ein stationäres Minikino einrichtet. So etwas läßt sich natürlich am schnellsten und bequemsten in Zusammenarbeit mit Freunden, Familienmitgliedern, Club- oder Flimmerkollegen bewerkstelligen. Teamwork verhilft zu erfahrenen Assistenten, zu talentierten Bastlern und nicht zuletzt zu preiswerten Materialien. Das stationäre Privatkino bietet außerordentliche Vorteile, da es aufgrund seiner Ausstattung nicht nur als Zuschauerraum, sondern auch als Tonstudio, Clubzimmer und Atelier verwendbar ist. Mit Plakatkarton, Dekorationsfolien, Klebeband und Stahlnadeln läßt sich das Kino in jede gewünschte Szenerie oder mit Hilfe eines einfachen Tisches in ein Trickstudio verwandeln.

Eine Ideallösung bieten zwei aneinandergrenzende Keller- oder Dachbodenräume. Sofern man die Trennwand mit einem Projektionsfenster in Form eines genügend großen und sauber verputzten Durchbruchs versehen kann (verschlossen durch eine Scheibe aus lichtdurchlässigem Kristallglas), läßt sich eines der Zimmer als Zuschauerraum und das andere als Bildwerferkabine ausbauen. Daß im Projektionsraum Filmarchivschrank, Geräte und Requisiten, vielleicht sogar eine kleine Flimmerbar, untergebracht werden können, versteht sich von selbst. Der Vorführschrank unter dem Projektionsfenster weist eine verstellbare Platte auf, damit verschiedenartige Geräte verwendet werden können (zwei Projektoren für pausenlose Vorführung). Strom- und Tonkabel sind fest verlegt, und das »Saallicht« kann über einen elektrischen Widerstand (Regler) allmählich ab- oder aufgeblendet werden.

Damit der Zuschauerraum allen kinematografischen Anforderungen gerecht wird, muß er stilecht ausgestattet sein. Bildwand und Lautsprecher sind fest installiert. Der Raum muß heizbar sein (Herbst- und Wintersaison) und Fenster oder Luftschacht aufweisen. Die Decke ist mit schallisolierenden Dämmplatten versehen; die Dekoration der – unverputzten – Wände besteht aus eng gefälteltem Plastiktuch. Kinogerechte Beleuchtungskörper und eine Bestuhlung aus preiswerten (gepolsterten) Sesselchen vervollständigen die Einrichtung.

Programmgestalter

Minikinobesitzer führen einzelne Filme allenfalls zu Demonstrations- und Diskussionszwecken vor. Bei offiziellen Filmabenden betätigen sie sich als Programmgestalter, um ihrem Publikum eine abwechslungsreiche Show zu präsentieren. Selbstverständlich muß die Filmauswahl auf den Zuschauerkreis abgestimmt werden, der recht unterschiedlich zusammengesetzt sein kann (Familie, Kinder, Flimmerkollegen, Geschäftsfreunde, Fremdgäste). Die Zusammenstellung eines »abendfüllenden« Hobbykinoprogramms dürfte kaum Schwierigkeiten bereiten. Die Programmfolge enthält beispielsweise einen aufmunternden Kurzfilm (auch Kauffilm), zwei oder drei längere »Hauptfilme« und ein abschließendes Minifilmchen erheiternden Inhalts. Die Gesamtdauer der Show sollte sechzig Minuten nicht überschreiten. Sie darf nur bei Unterbrechung durch eine Erfrischungspause auf neunzig Minuten ausgedehnt werden.
Meine Flimmerkollegen und ich veranstalten in unserem Minikino alljährlich sogenannte Hobbyfilmtage. Eine Idee, die ich hyperaktiven Filmern zur Nachahmung empfehlen möchte. An drei aufeinanderfolgenden Wochenendabenden stellen wir zahlreichen Gästen unsere Jahresfilmausbeute vor und geben befreundeten Filmautoren Gelegenheit, ihre neuesten Streifen zur Diskussion zu stellen. Diese Veranstaltungen fördern nicht nur den Kontakt zum Publikum. Sie steigern die Filmaktivität jedes einzelnen Teilnehmers, beleben den Erfahrungsaustausch und intensivieren die kollegiale Zusammenarbeit der Filmautoren.

Cinemathek en miniature

Begeisterte Filmfans legen besonderen Wert auf die Einrichtung eines stilechten Archivs. Die Cinemathek enthält nicht nur eigene Erzeugnisse, sondern auch Kauffilme und eine 120-Meter-Spule für jene Filmreste, die als Zwischenschnitte verwendet oder später einmal zu einem Montagestreifen verarbeitet werden können.

Um das Archiv übersichtlich zu gestalten, wählen wir einen einheitlichen Filmspulentyp und entscheiden uns von vornherein für zwei Spulengrößen mit einem Fassungsvermögen von 60 und 120 Metern (8-mm-Formate). Passende Filmbüchsen bewahren die empfindlichen Streifen vor den Einflüssen von Staub, übermäßiger Trockenheit oder Feuchtigkeit. Die komplette Cinemathek läßt sich im Projektionsschrank oder in geeigneten Archiv-Boxes unterbringen. Wer sich umständliche Suchaktionen ersparen will, versieht jede Filmbüchse mit einem Etikett, das über Filmtitel, Autor, Filmformat, Vertonungsverfahren und Bildfrequenz (16, 18 oder 24 B/s) Auskunft gibt. Kühl und trocken gelagert, belohnen die Filme unsere Sorgfalt mit langer Lebensdauer.

Filmenthusiasten ergänzen ihre Cinemathek mit Kauffilmen (auf Super-8 oder Standard-8 umkopierte Ausschnitte aus Berufsfarbfilmen), die zum Teil auch als Volltonfilme (Projektion mit 24 B/s) erhältlich sind. Kauffilme gestalten Vorführabende abwechslungsreicher, vermitteln kinotechnische oder thematische Informationen und dienen als unerschöpfliches Zwischenschnitt-Reservoir. Das umfangreiche Filmsortiment des Fachhandels und der Vertriebsorganisationen enthält unter anderem Reiseberichte und Städteporträts, Märchen- und Trickfilme, Reportagen von den »Apollo«-Mondflügen und anderen Weltraumunternehmen, Berichte von Urwald- und Unterwasser-Expeditionen, Aktuelles, Striptease-Shows und Ausschnitte aus Spielfilmen abenteuerlichen Inhalts.

Gehegt und gepflegt

Obwohl wir uns bereits im Zusammenhang mit Schnitt und Montage darüber unterhalten haben, möchte ich noch einmal betonen, daß sorgfältige Pflege für den einwandfreien Zustand und die Lebensdauer unserer Filme ausschlaggebend ist.

Moderne Filmapparaturen sind im allgemeinen wartungsfrei. Bei starker Beanspruchung vertrauen wir sie alle zwei bis drei Jahre einer durch den Hersteller autorisierten Werkstatt zur Überprüfung an. Die mechanischen Teile der Aufnahme-, Bearbeitungs- und Wiedergabegeräte werden von Zeit zu Zeit mit einem weichen Holzstäbchen gesäubert, dürfen aber auf keinen Fall mit Öl in Berührung kommen. Für die Reinigung der Optiken verwenden wir Objektivlederläppchen und feine Haarpinsel, für die Projektor-Tonköpfe einen nicht zu harten Pinsel ohne Metallteile und Spezialreinigungsmittel ...

Und nun wünsche ich viel Spaß, gute Einfälle und »Toi, toi, toi« für die Beschäftigung mit einer der schönsten Liebhabereien, die je erfunden wurden!

SACHREGISTER

Abblendung 59
Action 78
Archiv 92
Aufblendung 59
Aufnahmeperspektiven 24
Available Light 39

Balgengeräte 12
Balgenkompendium 59
Beleuchtung 14, 39
Beleuchtungsrichtung 40
Belichtung 31
Bewegung 19
Bildfolge 21
Bildformat 7
Bildfrequenzen 12
Bildkomposition 32
Bildsprache 18
Bildwand 17, 86, 90
Blankfilm 75
Brennweite 12

Cinemathek 92
Color-Film 41

Darsteller 52
Dokumentarfilm 47
Doppelgängeraufnahmen 64
Drehbuch 44, 77, 82
Dreibeinstativ 13
Drop-outs 74, 82

Einbandverfahren 16 f, 74, 79, 81
Einstellungen 21
Einstellungsarten 21
Einstellungslänge 30
Einzelbildschaltung 12, 61
Einzelbildtricks 71

Fahraufnahmen 28
Familienfilm 46
Ferienfilm 47
Filmformate 18
Filmgliederung 45
Filmkitt 15, 73
Film-Maker-Prinzip 8, 49
Filmreportage 47
Filmtransporttricks 61
Filmtricks 54
Filter 60
Flachmodelltricks 62
Fotolampen 14, 39
Fotos 59
Fundus 52

Gegenlicht 40
Gegenschuß 23
Geräusche 83
Großaufnahmen 22

Halogenlampe 14, 39
Hintergrund 33
Humor 50

Insichblende 64

Kamera 10
Kategorien 46
Kauffilme 76, 92
Klebepresse 15, 73
Kompendium 14
Kompendiumtricks 64
Komplementärfarben 43
Konversionsfilter 14, 42, 60
Kunstlicht 40
Kurzfilm 9, 45

Laufbildbetrachter 15, 73
Laufwerkantrieb 11
Lautsprecher 89 f
„Living Camera“ 27

Make-up 53
Mittelgrund 33

Modelltricks 62
Montage 45, 54, 73
Montagefilm 49
Motivebenen 33
Musik 84

Nachsynchronisation 79
Nachtaufnahmen 60
Nahaufnahmen 11
Nahvorsatzlinsen 12
Naturtitel 71

Panoramaschwenk 28
Pflege 75, 93
Phantasiefilm 48
Pixillation 63
Privatkino 86
Projektion 86
Projektionsobjektiv 16
Projektor 16

Regie 49
Reisefilm 47
Riß 28, 59
Rückspulvorrichtung 12

Schärfentiefe 34
Schärfenverlagerung 34
Schnitt 73
Schwarzweißfilm 41
Sektorenblende 12, 59
Sonnenblende 13
Soundtracks 84
Spezialeffekte 54
Spielfilm 48, 50
Spontanes Filmen 43
Spot 41
Spotlight 14
Sprache 83
Standardobjektiv 12
Standfotos 59, 71
Stopptrick 61
Subjektive Kamera 29
Suchersysteme 10
Synchronisation 18
Szene 21
Szenenübergänge 59, 63, 71, 76

Tageslicht 39
Teamwork 49, 90
Tele-Objektiv 13, 30
Titel 65
Titelbuchstaben 72
Titelgerät 15, 66
Titelvorlagen 71
Tonfilm 45, 79
Transport 20, 78
Travelling 13, 30, 71
Trickfilm 48, 54, 64

Überblendungen 12, 59, 63, 71
Überlagerungen 12, 63, 71
Umkehrfilm 41
Underground-Film 8
UV-Sperrfilter 42

Vordergrund 33
Vorführprogramm 91

Weitwinkelobjektiv 29
Weitwinkeloptik 13
Werkfotos 59
Wirbelmontage 78

Zeitdehnung 61
Zeitraffung 61, 63
Zoom-Objektiv 13, 86
Zoom-Optik 30
Zweibandverfahren 16, 79
Zwischenschnittblende 59, 76
Zwischenschnitte 76, 79